ロバート馬場ちゃんのキッチンmemo

いつもの料理が
"パっと"
おいしくなる
魔法

著

馬場裕之

Hiroyuki Baba

JN081420

はじめに

僕にとって3冊目の料理本は、これまでのレシピ集と違って"料理の雑学"をまとめた内容になりました。

この本で紹介しているのは、いつもの料理がひと味もふた味もおいしくなる"ちょっとした"ひと手間だったり、食材のおいしさをできるだけキープするための"簡単な"工夫だったりします。たいしたことじゃないけど、実践するとまるで魔法みたいに料理がおいしくなる、とっても有意義な雑学を集めてみたつもりです。

こうした雑学は、もちろん僕がすべてを発見したわけではありません。
自分で試行錯誤しているうちに身につけた経験則もあれば、料理人さんやフードスタイリストさんのようなお仕事でご一緒することの多い"食のプロフェッショナル"から教わった知識もあるし、大好きなお店でこっそり聞き出した独自のノウハウなんかも含まれています。

もちろん、どれも僕が実践してみて「これは使える！」と思ったものだけを載せるようにしています。それと、一見すると当たり前と思われるような"魔法"にも、できるだけ理屈の裏付けを記すようにしました。その理由は「料理の楽しさは作ることだけではなくて、知ることにもあるんだ！」って、この本を書いて改めて気づかされたからだったりもします。

料理初心者の人から腕に覚えがある人まで、あるいは食育のためにこの本を読んでくれる人もいるかもしれません。それらのどの人も、この本を通じて料理の新しい楽しみ方に出会ってくれたらうれしいです！

ロバート
馬場 裕之

第1章 おいしくなる魔法

おいしさを保つ魔法

第3章 **魔法のレシピ集**

馬場ちゃんのお役立ちコラム

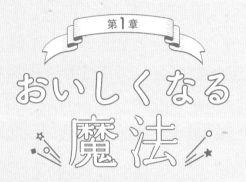

第1章

おいしくなる
魔法

01 米①

こうじゃなかった？
↓
「水を入れてすぐに研いでいた」

✦おいしくなる魔法✦

最初の水は浸けるだけ。
2回目の水から研ぎ始める

最初はたっぷりの水を入れて、少しかき混ぜたら水を捨てる。

どうして
？

いきなり米を研ぐと
ぬかのにおいも吸ってしまう

No!!

ただし米を研ぎす
ぎると旨みが溶け
出すので注意。

たねあかし

よく乾燥された米は最初に触れた水を勢いよく吸収する。このときに研いじゃうとぬかのにおいもいっしょに吸っておいしくなくなるから、まずは米をたっぷりの水に浸してからすぐに水を捨てて、きれいな水だけを吸わせるのがコツ。それと精米技術の進んだ今の米はとてもきれいだから強く研ぐ必要もないし、とぎ汁が透明になるまで洗うのはでんぷんが溶け出したやりすぎの状態なんだ。研ぎ汁が少しにごっているくらいで洗い終わりにしよう。

02 米②

こうじゃなかった？
↓

「余裕をもたずに炊いてた」

＊おいしくなる魔法＊

炊く前は**きちんと浸す。**
炊いたら**しっかり蒸らす**

For a long time…

米を水に浸たす時間
は夏は30分、冬は1
時間を目安に。

どうして？

芯まで水が浸透した米なら
ふっくら粘り気のあるご飯に

蒸らし終えたら優しく混ぜて、不要な水蒸気を逃がす。

たねあかし

ふっくらした粘り気のあるご飯を炊くには、米の芯まで水が浸透してないとダメ。そこでいちばん重要になるのが、火にかける前にしっかり水を吸わせること。次に大事なのが、炊き終えてから蒸らして蒸気を米に吸わせること。蒸らし終えたらお釜のフタを開けてご飯を優しく混ぜるのも、余分な水蒸気を飛ばしておいしくするポイントだよ。最新の炊飯器だと蒸らし終えてから炊き上がりアラームが鳴るものもあるから、その場合はすぐにフタを開けてご飯をかき混ぜよう。

03 無洗米

こうじゃなかった？
↓

「普通の米と同じ扱いをしてた」

✦おいしくなる魔法✦

無洗米は普通の米より少し多めの水で炊く

Pour Water

白米
すし
3 ── 3
2 ── 2

おかゆ
全 5分
7 0 5

水の量は普通の米よりも
1割くらい増やすと◎。

どうして
？

同じ1合でも米粒が多いから
いつもどおりだと水不足に

最近の炊飯器であ
れば、無洗米用目
盛りも用意されて
いる。

たねあかし

米 表面のぬかがあらかじめ取り除かれている無洗米は、普通の米よりも粒が小さめになる。だから同じ1合でも米の数が増えるので、水の量を増やさないと硬めのご飯になってしまうんだ。目安の水の量はいつもの1割増しくらい。普通の米1合が水180mLのところを、無洗米なら200mLくらいに増やすとおいしく仕上がるよ。炊飯器によってはお釜に無洗米用の目盛りがあったり、無洗米炊飯モードがあったりするから、忘れずに活用しよう。

04 キャベツ

こうじゃなかった？
↓

「細さだけに注意して千切りしてた」

✧おいしくなる魔法✧

キャベツの**千切り**は **葉の向きを意識**する

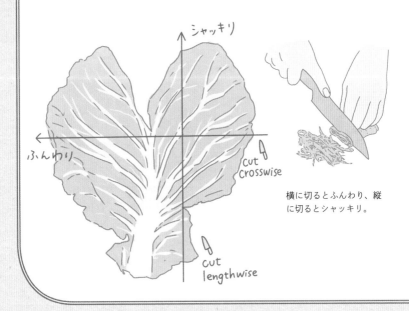

シャッキリ

ふんわり

cut crosswise

cut lengthwise

横に切るとふんわり、縦に切るとシャッキリ。

どうして
？

葉の繊維を切るか生かすかで 千切りの味が変わる

Choose cutting

千切りは横切りでふんわりがおすすめ。切り方で味が変わるから料理に合わせてもよし。

たねあかし

なんとなく切っていたかもしれないキャベツの千切りが、切る方向によって味が変わるって知ったら驚かない？　基本的にはふんわり柔らかくなるよう、繊維を断つように横に切るのがベター。逆にシャッキリとした歯ごたえを楽しみたいなら、繊維に沿うように縦に切ってみて。それと、キャベツは外側と内側で葉っぱの柔らかさが変わるから、硬い外側の葉を切るときは横に、柔かい内側の葉を切るときは縦に切るような使い分けもおすすめだよ！

05 レタス

こうじゃなかった？

「わざわざ包丁を使って切ってた」

おいしくなる魔法

レタスは**刃物**を使わず
手でちぎる

繊維を裂くような意識で
ちぎっていく。

どうして ?

ちぎると断面が荒くなって 味がからみやすくなる

ドレッシングの味が濃く感じられて、いつものサラダがもっとおいしく！

たねあかし

レタスを手でちぎったら、裂いた部分の断面に注目してみて！ 包丁で切ったときよりもデコボコしているのがわかるはずで、これによって調味料がからみやすくなって、よりおいしく感じられようになるよ。それともうひとつ。レタスに多く含まれるポリフェノールは、鉄に触れると色が変わる。だから包丁でレタスを切ると、にじみ出たポリフェノールが包丁の鉄分と反応してしまい、切り口が茶色くなって見た目も悪くなっちゃうんだ。

06 葉物野菜

こうじゃなかった？
↓

「しおれてもなす術なく水洗いしていた」

✦おいしくなる魔法✦

しおれた**葉物野菜**は 50℃の**お湯で洗う**

ちょうどいい温度は48〜52℃。手が熱いときはゴム手袋を使おう。

どうして？

野菜に水分が吸収されて シャッキリ感を取り戻す

ちなみに、アスパラやキュウリ、オクラ、ニンジン、ネギ、トマトなど、葉物以外でも50℃洗いでみずみずしくなる野菜はたくさん。

たねあかし

野菜は収穫されると、なかに含んだ水分を逃がさないよう表面の気孔を閉じてしまう。それでも保存するうちに徐々に水分が抜けてしおれてしまうんだけど、お湯で洗うと気孔が開いて水分の再吸収が始まり、シャッキリしたみずみずしい状態に戻ると言われているんだ。ちなみに、この洗い方にぴったりなお湯の温度は48〜52℃。温度を測らなくても、沸騰したお湯に同じ量か少し多めの水を混ぜれば簡単に用意できるので、お試しあれ。

野菜全般

↓

「向きを気にせずボーっと切っていた」

野菜は**料理に合わせて切る向きを変える**

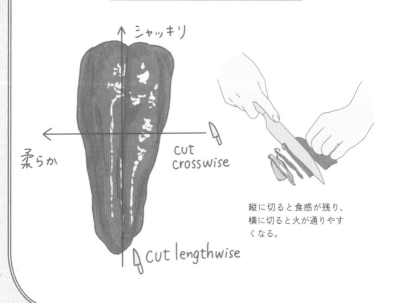

↑ シャッキリ

← 柔らか

cut crosswise

cut lengthwise

縦に切ると食感が残り、横に切ると火が通りやすくなる。

どうして
？

（ 繊維の状態で
食感や火の通りが変わる ）

ダイコンやハクサイ、タマネギ、ニンジン、ジャガイモなども繊維を意識して切ると仕上がりが変わってくる。

たねあかし

キャベツの千切りと同じように、切る向きによって食感や味が変化する野菜は多い。その秘密の鍵は、野菜のなかの繊維を切るか、残すかが握っているんだ。葉っぱや果肉の繊維を断ち切るよう横に切ると、柔らかくなって火も通りやすくなるので、煮込み料理なんかにおすすめ。逆に繊維を残すよう縦に切ると噛んだときにシャッキリするので、歯ごたえを楽しみたいチンジャオロースなどの炒め物やサラダにぴったりだよ。

08 緑黄色野菜

こうじゃなかった？

「フタをしてすぐにゆでようとしてた」

おいしくなる魔法

緑色の野菜はフタをせず 多めのお湯で短くゆでる

ゆでるお湯にじゃっかんの塩を加えても、変色を防ぎやすい。

どうして？

酸と熱から野菜を守って 黄色くなるのを防ぐ

ゆで上がったら水で急冷すると、熱がサッと引いて緑色を保ちやすい。

たねあかし

緑色の野菜（緑黄色野菜）は、ゆでると有機酸（酢酸やシュウ酸）が溶け出してゆで汁が酸性になってしまうんだ。そして野菜の緑色の素になっているクロロフィルは、熱や酸の影響を受けると黄色っぽくなってしまう。だから緑黄色野菜をゆでるさいはフタをせず、できるだけ有機酸を逃がしてあげることが大事。ゆでるお湯を多くして酸の濃度を低くしたり、ゆで時間を短くして熱を加えすぎたりしないことが、きれいな緑色にゆで上げるコツになるよ。

09 ホウレンソウ／コマツナ

こうじゃなかった？
↓

「部位を気にせず一気にゆでてた」

おいしくなる魔法

葉と茎など部位によって
ゆで始める時間をずらす

ホウレンソウの場合は
根元だけを入れて30秒。
次に全体を浸して30秒
ほどゆでるのが目安。

どうして
？

歯ごたえが同じになって
心地よい食感が楽しめる

おひたしにすると
きは素材と調味料、
両方とも冷やして
から合わせる。

たねあかし

葉と茎で硬さが違うホウレンソウやコマツナのような葉物野菜は、部位ごとに別々にゆでたり、ゆでる時間をずらしたりして歯ごたえを同じにすると、もっとおいしくなるよ。あと、お湯の温度が下がるとえぐみが出てしまうから、2〜3株ずつに分けてお湯の温度が下がらないようにゆでるのもおすすめ。ちなみに青菜をおひたしにするときは、熱で色味が悪くならないように、素材も調味料も熱が取れてからつけ込むようにしよう。

10 トマト①

「皮むきは面倒だと思ってた」

✧ おいしくなる魔法 ✧

お手軽な**皮むきをしてから**
トマトを**料理に使う**

直接火であぶって皮がパキッとなったら、冷水に浸ければOK。するする皮がむけるはず。

どうして
?

トマトは皮をむくと
舌ざわりがよくなる

keep in the freezer

皮をむいたトマト
が余ったらチャック
付きポリ袋に
入れて冷凍庫で保
存。長もちするし、
都度使いやすい。

たねあかし!

トマトの皮は実と食感がまったく違ううえに、熱に強いから炒めたり煮たりしても残っちゃう。だからもっとおいしくするために、料理によってはトマトの皮をむいてみよう。トマトの皮むきは実は簡単で、基本は温度差を与えるだけでOK。フォークを刺したトマトを火であぶったり、沸騰したお湯に30秒ほど浸したり、丸ごと冷凍庫で凍らせたりしてから水に浸ければ、するすると皮がむけるよ。特に加熱調理でトマトを使うときにおすすめ!

11 トマト②

こうじゃなかった？
↓

「煮込んでも酸味が残ってた」

✦おいしくなる魔法✦

トマトの**煮焼き**には よく**時間をかける**

パスタソースやトマト煮
などは、じっくり時間を
かけて加熱する。

30

どうして
？

熱で酸味が飛んで
うま味を強く味わえる

煮込むほど
おいしい！

鶏肉のトマト煮、
トマトを使ったカ
レー、パスタ、ミ
ネストローネなど
で試してみて。

たねあかし！

トマトを煮たり焼いたりする料理、思ったよりおいしくできない人が多いのでは？　トマトは強い温度で加熱すると酸味のクエン酸が抜けるから、水などを足す前に、油とトマトでよく加熱して煮詰めるのが重要。酸味が減るとうま味のグルタミン酸が強く感じられるし、加熱によって別のうま味のグアニル酸も増えて、いっそうおいしく感じられるんだ。ただし煮詰めすぎると酸味が飛びすぎちゃって、トマトらしさがなくなってしまう点にご注意を。

タマネギ

こうじゃなかった？

「行き当たりばったりで切ってた」

✧おいしくなる魔法✧

タマネギは**料理**で**切る向きを変える**

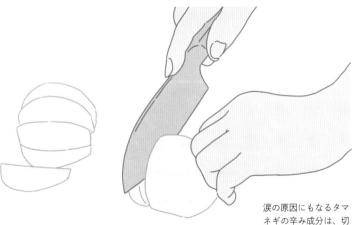

涙の原因にもなるタマネギの辛み成分は、切る向きを変えることで減らせる。

どうして？

切る方向で生食時の辛みと 加熱時の甘みが変わる

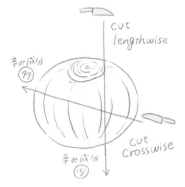

cut lengthwise

辛み成分 多い

cut crosswise

辛み成分 少い

縦に切ると辛み成分が出にくく、火も通りにくい。横に切ると辛み成分が出て、加熱したさいに甘くなりやすい。

たねあかし

切る向きで食感と味に大きな差が出るのがタマネギ。繊維を断つように横に切ると細胞がたくさん壊れて、辛味成分の硫化アリルが多く外に出るし、逆に繊維に沿って縦に切ると、辛み成分があまり外に出ない。ちなみに、辛み成分はそのままだと辛いけど、加熱すると甘みに変わるんだ。だからサラダにするときは横切りにして水にさらすと辛みが抑えられるし、加熱しても食感を残したいなら縦に切るのがおすすめ。火の通りにも差が出るからぜひ意識してみて。

ナス

「切ったら水にさらすのが習慣だった」

ナスは水に<u>さらさないで</u>切ったら<mark>すぐに調理する</mark>

水に浸けるのは切り口が黒くなるのを防ぐためなので、すぐ使うならわざわざ水に浸けて栄養を逃す必要なし。

どうして？

水にさらすと
栄養が逃げるから

Anthocyanin

長時間水にさらす
と、栄養のアント
シアニンが溶け出
してしまう。

たねあかし

ナスはアクを抜くために水にさらすと言われたりする
けど、ナスの栄養のアントシアニンは水に溶けやす
いので、長時間水に浸けると逃げ出してしまう。切ってす
ぐに調理すれば変色もしないし、水にさらさないほうが栄
養をしっかり摂れてお得だよ。ちなみにこの栄養成分は油
には溶けないからナスは揚げ物や炒め物に使われることが
多くて、おひたしにするときでも揚げ浸しのように、いっ
たん油で揚げるのが一般的なんだ。

14 キュウリ

こうじゃなかった？
↓

「切るだけが下ごしらえだと思っていた」

✧おいしくなる魔法✧

キュウリは調理前にきちんと板ずりをする

キュウリに塩を振ったらまな板の上でゴロゴロ転がす。

36

どうして
？

味がなじみやすくなって緑色も鮮やかになる

flavor

flavor

flavor

断面がデコボコと傷つくことでキュウリに味がからみやすくなる。

たねあかし！

まな板の上に置いたキュウリに塩を振って、手のひらで前後に転がしてから水で洗うのが、キュウリの板ずりと言われる技法。これをするとキュウリ表面のイボが取れるうえに、細かい傷もつくことで味が染み込みやすくなるんだ。さらには塩の効果でちょうどよく水分も抜けて青臭さも軽くなるから、キュウリの風味が苦手って人にもおすすめだよ。板ずりに使う塩の量は、キュウリ1本で小さじ1杯くらいを目安にしよう。

15 ニンニク

こうじゃなかった？
↓

「余すことなく使ってた」

おいしくなる魔法

ニンニクの**芽**は
取り外してから使う

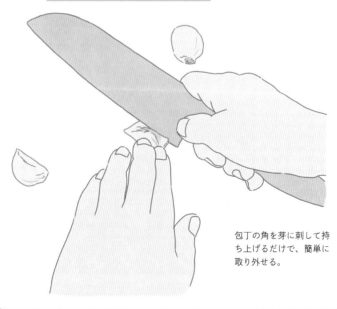

包丁の角を芽に刺して持ち上げるだけで、簡単に取り外せる。

どうして
？

芽には苦みや辛みがあるし、先に焦げてしまいがち

スライスニンニクを油に入れると、芽だけ先に焦げてしまって風味が悪くなることが多い。

たねあかし

ニンニクを半分に割ると、中心に緑色の芽があるはず。これは成長すると茎になる部分で食べても問題はないけれど、苦みや辛みが強かったり焦げやすかったりする。特に油に香りを移すためにニンニクを熱するときに芯だけが先に焦げてしまうことが多いので、ひと手間かけて取ってしまおう。もうひとつ。ニンニクの皮むきに困っている人は、皮が付いたまま上から包丁の腹で潰してみて。皮がするっとむけるし、細かく砕いて香りを引き出しやすくなるよ。

16 アスパラガス

こうじゃなかった？
↓

「根元の皮の硬さも堪能してた」

✧おいしくなる魔法✧

アスパラは**調理の前**に
根元5〜6cmの皮をむく

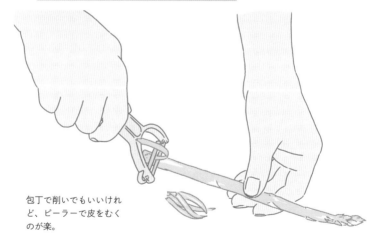

包丁で削いでもいいけれど、ピーラーで皮をむくのが楽。

どうして？

根元の硬い筋が取れて
食感と火の通りがよくなる

先端と根元を持って曲げるとポキッと折れる箇所が。そこから根元までが、皮をむく場所の目安になる。

たねあかし

アスパラガスの根元は穂先に比べて筋張っていて硬いので、あらかじめ皮をむいてあげると食感もよくなるし、火の通りも均一になるよ。皮をむく目安は、根元から5〜6cm。包丁で削いでもいいけど、ピーラーでむいてしまうのがいちばん簡単かな。ちなみに、グリーンアスパラガスを小さい状態で収穫したミニアスパラガスは筋がないので、皮をむかなくてもOK。反対にホワイトアスパラガスは皮が硬いので、必ず皮をむいてから使おう。

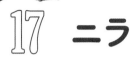

scene 17 ニラ

こうじゃなかった？

「ほかの野菜と同じ順番で炒めていた」

おいしくなる魔法

ニラは**最後に入れて**
サッと**短時間だけ**炒める

野菜炒めでニラを使うなら、ほかの野菜が炒まってから入れるくらいでちょうどいい。

どうして？

生でも食べられるニラは
火の通りより食感重視でOK

rare OK!

ニラは生でも食べられる野菜なので、火の通りが多少甘くても大丈夫。

\たねあかし/

　ニラ野菜炒めを家で作るとニラがシャキシャキしない……それは火の通しすぎが原因。ニラはとても火が通りやすいので、ほかの食材といっしょに炒め始めると、できあがったときにはクタクタになってしまうんだ。そもそもニラは生でも食べられるので、火の通りにはそこまで神経質にならなくて大丈夫。肉や野菜が炒まって調味料も入れたあと、でき上がりの直前にニラを入れるくらいで充分。余熱で火も入って、食べるときはシャキシャキに！

18 オクラ

↓

「うぶ毛も食べるものと思ってた」

☆おいしくなる魔法☆

オクラは**ネットごと**
塩で擦り洗いをする

オクラがパッケージされ
ているネットの上から塩
をかけて、よく揉んでか
ら水で洗い流す。

どうして
？

表面のうぶ毛が取れて
食感がよくなるから

ちなみに長いヘタ
は切ってガクは削
り取る。切り落と
してゆでると水っ
ぽくなってしまう。

たねあかし

オクラは表面にうぶ毛が生えていて、そのまま食べると舌ざわりがチクチクすることも。キュウリと同じように板ずりをすればうぶ毛が取れてゆでたときの色味もよくなるんだけど、実はもっと簡単な方法がある。オクラが売られている状態、つまりネットに入ったままのオクラに塩をかけて、オクラ同士を擦りつけるように揉んでみよう。あとは水で洗い流すだけで、産毛が取れて食感がよくなるよ。塩はオクラ1パックにつき大さじ1杯を目安に！

19 モヤシ

こうじゃなかった？
↓

「袋からフライパンに直行させていた」

✧おいしくなる魔法✧

モヤシは**洗ってから使う**

袋から直接使うのではなく、いったん洗ってから使うように。

46

どうして ？

（ 独特のにおいが取れて 食感もシャキッとするから ）

50℃

Hexanal

50℃洗いはモヤシでも効果あり。におい（ヘキサナール）がよく取れておいしくなる。

たねあかし

モヤシの袋を開けたときに感じる独特のにおいって、誰しも経験があるはず。スーパーのモヤシはしっかり衛生管理されているから、本来はそのままでも食べられるんだけど、包装されたあともモヤシは呼吸をしているから、袋のなかにそのにおい（ヘキサナール）がこもってしまっているんだ。だから袋から出したら水でサッと流すように洗って、においを取ってあげるのが◎。水で洗うことでモヤシ自体がシャキッとして、もっとおいしく食べられるよ。

20 ダイコン

こうじゃなかった？

「頭からつま先まで同じ味だと思っていた」

✧ おいしくなる魔法 ✧

ダイコンは**作る料理**で部位を**使い分ける**

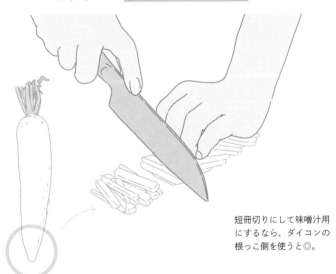

短冊切りにして味噌汁用にするなら、ダイコンの根っこ側を使うと◎。

どうして
？

部位で味が変わって 根の近くほど辛い

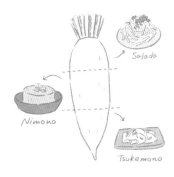

Salada

Nimono

Tsukemono

葉側は水分が多く
みずみずしくて甘
い。真ん中は柔ら
かくて甘さと辛さ
がちょうどいい。
根っこ側は水分が
少なくて辛い。

たねあかし

ダイコンの辛さはイソチオシアネートという成分のせいで、ダイコンが若いほど多く含まれる。だから成長中の若い根っこ側は辛くなり、成長が止まっている葉っぱ側は辛み成分が減って甘くなるんだ。この違いを上手に使い分けるのが、ダイコン料理をもっとおいしくするコツ。辛くなくてみずみずしい葉っぱ側はサラダや炒め物に、真ん中は柔らかくてバランスがいいので煮物やステーキに、根っこ側は辛みが強いのでおろしや漬物に使おう。

21 根菜全般

こうじゃなかった？

「見た目だけを気にして切っていた」

☆おいしくなる魔法☆

根菜も**料理に合わせて 切る向き**を変える

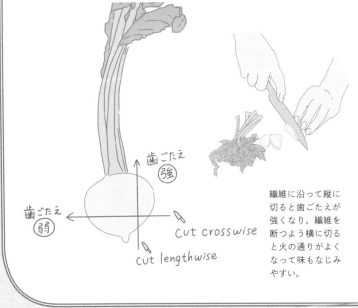

歯ごたえ 強

歯ごたえ 弱

cut crosswise

cut lengthwise

繊維に沿って縦に切ると歯ごたえが強くなり、繊維を断つよう横に切ると火の通りがよくなって味もなじみやすい。

どうして？

根の繊維を切るか生かすかで火の通りや味なじみが変わる

Nimono

Tsukemono

ちなみに皮をむいたカブはスープや煮物に、むいてないカブは浅漬けなどに向く。

たねあかし

　ダイコンやカブ、ニンジンといった根菜も葉物野菜なんかと同じで、繊維に沿うか、繊維を断つかの切り方によって火の通りや歯ごたえ、味のなじみ方に差が出るんだ。横に切って繊維を断つと、火が早く通って味のなじみがよくなるし、繊維に沿って縦に切ると歯ごたえが強くなる。だから、もともと硬いダイコンは横に、柔らかいカブは縦に切るのがおすすめ。それと、煮るときはあらかじめ皮を厚めにむいておくと火が通りやすくなるよ。

ニンジン①

こうじゃなかった？
↓
「ピーラーできれいに皮をむいてた」

☆おいしくなる魔法☆

あえて**皮をむかずに**
ニンジンは**旨みを生かす**

ピーラーで皮をむく必要
はなく、タワシでこする
くらいでOK。

皮の近くに旨みがあるし、
すでに薄皮はむかれてる

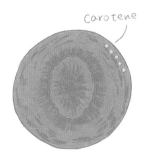

carotene

ニンジンの旨みで
もあり大事な栄養
素のカロテンは、
皮の部分に多く含
まれている。

たねあかし

　　ンジンは皮の近くに旨み（カロテン）があるから、できるだけ皮はむかずに使いたい。そしてスーパーで売られているニンジンの多くは泥汚れを落とすために洗われて、すでに薄皮がむかれているから、ニンジンはピーラーを使わずにタワシでこする程度でOKなんだ（泥つきニンジンは皮がむかれてないので、ピーラーを使う）。ただし、シチューのように煮炊きして使う場合は皮をむかないと味のなじみが悪くなるので、ピーラーの助けを借りるのが◎。

23 ニンジン②

こうじゃなかった？
↓

「熱湯投入＆強火で煮崩れさせてた」

おいしくなる魔法

水の状態から鍋に入れて
中火でゆっくり煮る

Boil in Cold Water

中火で水から煮ることで60〜80℃の時間を長くする。

54

どうして？

じっくり煮ると柔らかくても 煮崩れしないニンジンになる

形を維持したまま
旨みも閉じ込めら
れるから、ニンジ
ンの甘さがよく感
じられるはず。

たねあかし

ニンジンやジャガイモには細胞をつなぐペクチンって食物繊維があるんだけど、これは60〜80℃だと硬くなって、80℃を超えると柔らかくなる。だから水からゆっくり煮て60〜80℃の時間を長く通過させるといったん硬くなって、そのあと80℃以上で煮て柔らかくなっても煮崩れを起こしにくくなるんだ。逆にポタージュ用なら、細かく切ってから沸騰したお湯に入れて強火で煮ると、60〜80℃をすぐに通過するから柔らかくなって調理しやすいよ。

24 ゴボウ

こうじゃなかった？
↓

「美白に必死だった」

✦おいしくなる魔法✦

ゴボウの**皮**は
こそげ落とせば充分

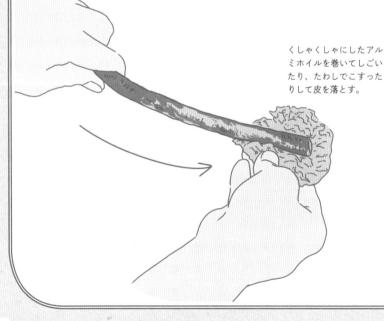

くしゃくしゃにしたアル
ミホイルを巻いてしごい
たり、たわしでこすった
りして皮を落とす。

どうして？

皮の近くにこそ
ゴボウの旨みがあるから

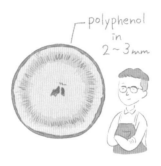

polyphenol
in
2～3mm

皮から2～3mmの部分に香りや旨みの成分が多くあるので、できるだけ残して使う。

たねあかし！

ゴボウの香りや旨みの素であるポリフェノール（クロロゲン酸）は、外側から2～3mmくらいの皮近くに多い。この成分は健康にもよいと言われているので、捨ててしまうのはもったいない。だからゴボウの皮は厚くむかずに、こそげるくらいにとどめよう。水にさらしながらタワシでこすったり、一度丸めてから広げたクシャクシャのアルミホイルをゴボウに巻いてしごいたりするのがおすすめのやり方。皮は少し残っているくらいで問題なし！

25 ゴボウ／レンコン

こうじゃなかった？

「色味に頓着がなかった」

✧おいしくなる魔法✧

レンコンやゴボウは
酢を少し入れて煮る

煮汁の3％くらいの
酢の量が目安。

どうして
？

酢を入れると色が白くなり
歯ごたえもよくなる

white!

白くきれいになっ
て、とっても上品
な仕上がりに。

\たねあかし/

ゴボウやレンコン、ウドなどをゆでるときは鍋に酢を少し入れてあげよう。そうしてお湯が酸性になると、野菜のなかにあるポリフェノールやフラボノイドという色素が色づくのを防いだり、野菜の細胞をくっつけているペクチンが残りやすくなったりするんだ。さらにはレンコンなら粘り成分のムチンが分解されたりして、色が白く、歯ごたえもよくなる効果も。これによって見た目も味もいっそうおいしく仕上がるよ。

26 レンコン／長イモ

こうじゃなかった？
↓
「変色は見て見ないフリをしてた」

酢やレモン水を
切った面に**サッとまぶす**

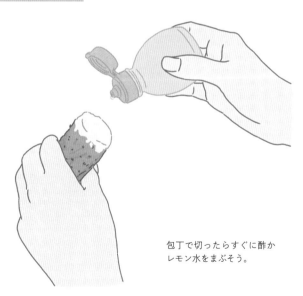

包丁で切ったらすぐに酢か
レモン水をまぶそう。

どうして？

酢やレモン水が
色の悪化を防いでくれる

レンコンや長イモのポリフェノールが酸化するよりも前に、レモンが真っ先に酸化することで変色をガード！

たねあかし

レンコンや長イモは、切ってそのままにしておくと切り口が赤黒い色に変わってしまう。その理由は、レンコンや長イモに含まれるポリフェノールが、自分のなかの酵素（ポリフェノールオキシダーゼ）と結びついて酸化し、変色するから。ちなみに酢のような酸性の液体に触れると、この酵素は働きが弱くなるし、レモン汁をまぶすことで酸化を防げたりもする。どちらでも見栄えがよくなるから、いつもよりおいしく感じられるよ。

野菜のいろんな切り方

輪切り

切り口が輪の形になる切り方。棒状の食材を、繊維を断つように切る。

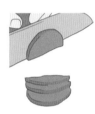

半月切り

切り口が半月のような形。棒状の食材を縦半分に切り、切り口を下にしてから繊維を断つように切る。

いちょう切り

いちょうの葉に似た切り口。棒状の食材を縦方向に4等分したら、繊維を断つように切る。

小口切り

細長い棒状の食材を、端から一定の厚さで繊維を断つようにして切る。

薄切り

食材を薄く切る。繊維を断つか断たないか、どの向きに切るかは、料理や用途に合わせて変える。

せん切り／
細切り

食材が細長くなるように切る。せん切りのほうが細切りよりも細い。

料 理本を読んでいても、手順にサラッと書いてある「〜をいちょう切りにする」の「いちょう切り」がわからない！ なんて人、意外とけっこう多いはず。そんな包丁迷い人のみんなのために、このコラムでは17種類の野菜の切り方を伝授するよ。種類の多さに途方に暮れそうだけれど、名前が分けられて複雑に見えるだけで、だいたいは日ごろの料理でなんとなく切っていた形なはず。正しい名前を覚えて、食材を生かす切り方ができるようになれば、料理はもっともっとおいしくなる！

みじん切り／粗みじん切り

食材が粒状になるよう、細かく切り刻む。粒が大きめだと粗みじん切りと言われる。

さいの目切り／あられ切り

サイコロのような立方体の形に切る。粒が細かくなるとあられ切りと言われる。

拍子木切り／短冊切り

拍子木のような、厚い縦長の長方形に切る。厚みが薄いと短冊切りになる。

くし形切り

玉の形をした食材を、縦に放射線状に切る。6〜8等分に切ることが多い。

乱切り

断面が大きくなるように不規則な形で、だいたい同じ大きさに切る。火の通りや味の染みがよくなる。

ざく切り／ぶつ切り

食べやすい幅で切る。葉物などを3〜5cm幅で切るのがざく切り。ネギを切り分けるのがぶつ切り。

27 キノコ①

「神経質に洗ってから調理してた」

おいしくなる魔法

キノコは**水で洗わず**に **そのまま**調理する

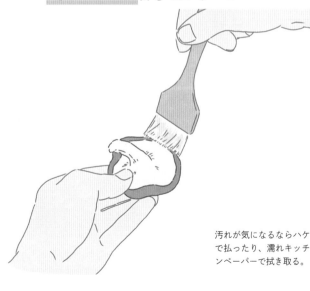

汚れが気になるならハケ
で払ったり、濡れキッチ
ンペーパーで拭き取る。

どうして？

（ パック済みキノコは清潔だし
水で洗うとうま味が逃げる ）

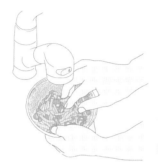

ナメコを洗うとき
も、流水でサッと
流す程度にする。

たねあかし

キ ノコのうま味（グルタミン酸、グアニル酸、アスパ
ラギン酸など）も栄養（ビタミンBやカリウムなど）
も水に溶けやすいから、水で洗うとせっかくのおいしさが
水に逃げ出してしまうんだ。そもそも菌床栽培のパックさ
れたキノコは清潔な屋内で作られているので、洗わなくて
も問題なし。おがくずなどが気になるようなら、ハケで払っ
たり濡れキッチンペーパーで拭き取ればOKだよ。ナメコの
ヌメリも、気になってもサッと水で流すだけにしよう。

28 キノコ②

こうじゃなかった？

「香りもうま味もイマイチだった」

✧おいしくなる魔法✧

香りを**生かす**なら**加熱は短く。** # うま味は**低温から引き出す**

煮物なら水からキノコを入れて中火で、炒め物なら火はサッと通して調理。

どうして？

キノコの香りは熱に弱くて うま味は低温で増えるから

Rare？

マッシュルームは
生で食べられる数
少ないキノコ。

たねあかし

キノコの調理の鉄則は一気に火を通しすぎないこと。キノコのうま味（グアニル酸など）は60〜70℃の間で急増するので、この温度をゆっくり通過させるのがおいしさのポイント。だからお鍋や煮物にキノコを入れるときは、水から中火でゆっくり煮出すのがコツになるんだ。それとキノコの香り成分は熱に弱くて20分も煮沸すると消えてしまうから、火が通ったあとは加熱しすぎないように。炒め物なら最後のほうに入れるのがおすすめだよ。

29 木の芽（山椒）

こうじゃなかった？

「ありのままを受け入れてた」

おいしくなる魔法

山椒の葉は**手で叩く。**
実はゆでたあと**水にさらす**

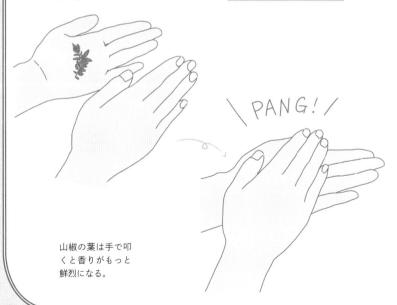

\ PANG! /

山椒の葉は手で叩
くと香りがもっと
鮮烈になる。

どうして？

（実は水にさらすと辛みが抜け、葉は叩くと香りが引き立つ）

木の実は水にさらすことで徐々に辛みが弱くなっていくため、さらす時間を変えることで辛さを調整できる。

たねあかし

香りと辛みを楽しむ日本の薬味、山椒。お吸い物の飾りや彩りに使われるハーブのような葉は、使う直前に潰すように手で叩くのがポイント。葉のなかの油包という組織が壊れ、そのなかの香り成分が外に出てくることでより鮮烈な印象になるよ。そしてスパイスのような実は、下処理をして冷凍保存すると一年中すてきな辛みが楽しめる。ゆでてから水にさらす時間で辛さが変わってくるので、都度味見して、好みの辛さに調整しよう。

③0 果物全般①

こうじゃなかった？
↓

「思ったほど甘くなかった」

おいしくなる魔法

食べる前に**冷やして**
果糖の**甘さを引き出す**

リンゴ、ブドウ、ナシ、スイカ、キウイ、サクランボなどの果糖が多い果物は、冷やすほどおいしい。

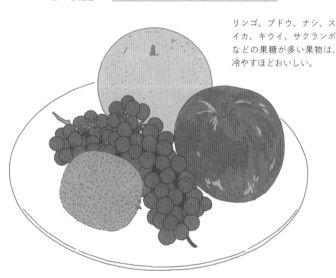

どうして
？

果物は冷やすと甘くなるから

果糖、ショ糖、ブドウ糖の温度変化による甘さの違い。ミカンやバナナ、モモなどのショ糖が多い果物は冷やす必要なし。

たねあかし

果物に含まれる甘み成分は、ブドウ糖（グルコース）と果糖（フルクトース）、ショ糖（スクロース）に分けられる。このうちブドウ糖とショ糖は温度が変わっても甘さがほぼ変わらないんだけど、果糖は温度が低いほど甘くなる傾向があって、例えば5℃のときの果糖の甘さは60℃のときの2倍になるとも言われているんだ。だから果物は保存方法に注意しながら、食べるときに冷えた状態になるよう冷蔵庫に入れると、おいしさを余さず堪能できるよ。

31 果物全般②

こうじゃなかった?

「買ってきてすぐに食べてた」

✧ おいしくなる魔法 ✧

果物によっては
しばらく置いておく

バナナやリンゴ、モモ、メロン、キウイ、マンゴー、西洋ナシなどは保管すると甘みが増す。意外なところではアボカドも常温で追熟するとおいしくなる。

どうして？

置いている間に熟して もっと甘くなるから

No Ripening

ブドウ、日本の ナシ、イチゴ、 ミカンなどの柑 橘類、パイナッ プルなどは保管 しても甘くなら ないので注意。

たねあかし！

果物は保管すると熟して甘くなるタイプ（クライマク テリック型）と、保管しても甘さが変わらないタイ プ（非クライマクテリック型）の２つに分けられるって知っ てた？　だから熟すタイプの果物は、買ってからしばらく 直射日光の当たらない場所で常温保存して、充分に甘くなっ てから食べるのが◎。ちなみにこうやって保管して熟させ ることを「追熟」するって言うんだ。追熟できる果物かどう かは、ひとまず左のイラストを参考にして！

32 肉全般①

こうじゃなかった？

「肉を水洗いできれいにしてた」

おいしくなる魔法

肉は水で**洗わないで**
そのまま調理する

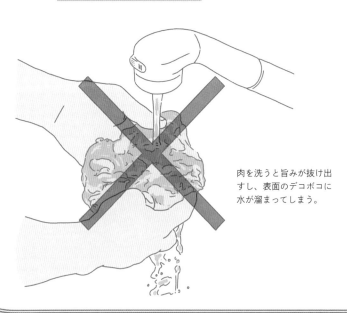

肉を洗うと旨みが抜け出すし、表面のデコボコに水が溜まってしまう。

どうして
？

洗うと旨みが抜け出るし
キッチンが不衛生になる

シンクで跳ねる水は意外と遠くまで飛ぶもの。いっしょに飛んだ菌がほかの食材について食中毒の原因になる可能性も。

たねあかし

衛生管理がよくない国では洗うのが普通だったりするけど、水にさらすと肉の旨み成分が抜けてしまうから、日本なら肉は洗わずに使うのが正解。薄いスライス肉は特に味が抜けやすいので気をつけて。洗わない理由はもうひとつ、肉に付いている悪い菌（サルモネラやカンピロバクター）がシンクに飛び散って不衛生だからというのもあるよ。もし肉から出るドリップ（赤い水分）が気になるなら、キッチンペーパーで吸い取ってから調理しよう。

33 肉全般②

こうじゃなかった？
↓
「安い肉は硬いものと思ってた」

繊維の向きを確認してから断つように切る

↕ Cut crosswise

Beef

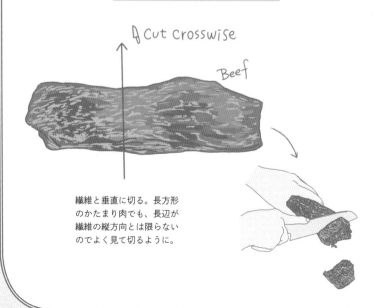

繊維と垂直に切る。長方形
のかたまり肉でも、長辺が
繊維の縦方向とは限らない
のでよく見て切るように。

どうして
？

歯ごたえが柔らかくなるし
火の通りもよくなるから

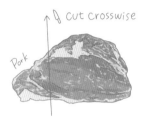

豚肉は特に繊維が丈夫なのでしっかりと繊維を断つ。鶏むね肉は繊維の向きがわかりにくいので図を参考にして。

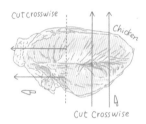

たねあかし

肉 は長くて硬い繊維（ミオシン、アクチン、トロポミオシン、トロポニンなど）が固まってできている。そのまま焼くと硬くて食べにくいから、これら繊維と垂直になるように包丁を入れて断ち切ることで、柔らかな歯ごたえにしてあげるのがコツ。火の通りもよくなるので一石二鳥だよ。肉の繊維の向きは、目でしっかり見れば簡単に判断できるはず。ただし、鶏むね肉は場所ごとに繊維の方向がマチマチなので、図を参考に切るのがおすすめ！

34 肉全般③

こうじゃなかった？

「冷蔵庫から出してすぐに焼いてた」

☆おいしくなる魔法☆

肉は**焼く前に**しっかり**常温に戻す**

Before 30minutes...

調理する30分前には冷蔵庫から出して、なかまで常温にしておく。

どうして
？

内と外がちょうどいい
焼き加減になる

defrost…

アルミ素材の調理
器具に冷凍肉を挟
むと、熱伝導率の
高いアルミの力で
スムーズに自然解
凍してくれる。

たねあかし

冷たい状態から肉を焼き始めると、外側はしっかり焼けて今にも焦げそうなのに、内側は全然火が通ってなくて生状態……なんてことも。それを防ぎたいなら、調理前に肉を常温に戻すのがおすすめ。なかと外で火の通りの差が小さくなって、外がカリッとなったタイミングでなかもちょうどいい焼き加減になるんだ。だから肉は冷蔵庫から出して最低30分は置いてからの調理が◎。冷凍した肉はアルミフライパンやアルミ鍋に挟むと、早く自然解凍できて便利だよ。

35 肉全般④

こうじゃなかった？
↓

「焼き上がったらすぐに食べてた」

☆おいしくなる魔法☆

焼き上がった肉は
アルミホイルで包んで放置

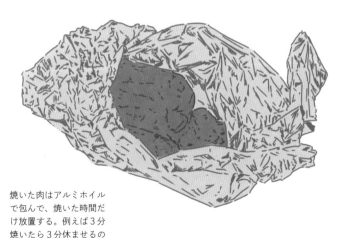

焼いた肉はアルミホイル
で包んで、焼いた時間だ
け放置する。例えば3分
焼いたら3分休ませるの
が時間の目安。

どうして
？

肉汁がなかにとどまって
ジューシーになる

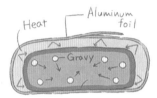

アルミに包んで
休ませる間も火
が通るので、休
ませないときよ
り少し短めに焼
くのがコツ。

たねあかし

肉を切ったときのジューシーな肉汁、皿に逃してしまうのはもったいない。その肉汁をとどめるために、焼き上がってもすぐに食べたりせず、アルミホイルで肉を包んで休ませよう。アルミホイルを使うのは、食べ物から出る熱をよく反射する素材だから。肉が蓄えた熱エネルギーを肉自身に戻しながらゆっくり冷めていくので、なかの水分の移動が落ち着いて、肉汁が流れ出にくいジューシーな状態に仕上がるんだ。焼いた時間と同じくらい肉を休ませると、おいしく食べられるよ！

36 牛肉

こうじゃなかった？

「安全重視で焼きすぎてた」

✧おいしくなる魔法✧

外が焼けてるなら なかの焼き加減はお好みで

Rare!!

肉の外側がしっかり焼け
ていれば、なかの火入れ
は自由に決めて。

82

どうして？

（ 牛肉のなかには菌がいないので
表面さえ焼けば食べられる ）

\PUSH/ = \PUSH/

牛肉の焼き加減を見るフィンガーテスト。ほかの指
に力を入れない状態でくっつけた親指の、つけ根の
感触が目安になる。

人差し指＝レア　　　薬指＝ミディアム
中指＝ミディアムレア　小指＝ウェルダン

\たねあかし/

み んなが大好きな牛肉は、なかが生焼けでも食べられ
る食材。だからレアからウェルダンまで、好みの焼
き加減で異なる食感や風味を楽しめるんだ。ちなみになかが
生焼けでも食べられる理由は、鶏肉や豚肉と違って牛の筋
肉の中には有害な菌がいないから。ただし裏を返せば、肉の
表面や、筋肉以外の臓器には菌がいるということでもある。
レアで食べるにしても表面はしっかり焼く必要があるし、レ
バーなどの臓物は必ず火を通さないと危ないよ。

37 豚肉

こうじゃなかった?
↓

「焼いたら縮んで硬くなってた」

おいしくなる魔法

豚肉は調理の前に
よく叩いて筋を切る

Push!

とんかつ屋さんのように
叩くのが◎。叩いたあと
は元の大きさまで戻す。

どうして？

肉が縮みにくくなって柔らかい歯ごたえに

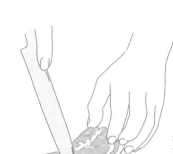

赤身と脂肪は縮み方が違うので、つなぐ筋を切ることで加熱時の反り返りを防げる。

たねあかし

肉は熱が加わると小さくなるものだけど、なかでも豚肉は繊維中のコラーゲンが多くて、縮みやすいのが特徴なんだ（コラーゲンは60℃を超えると1／3に縮む）。だから豚肉はあらかじめ叩いて繊維を細かく断ち切ったり、赤身と脂肪の間の筋を切ったりして、縮みや反り返りを防ぐのが大事。これにより肉が縮みすぎるのを防いで柔らかく食べられるようになるってわけ。包丁の背で叩いてもいいけど、専用のミートソフターを使うと劇的に柔らかくなるよ！

38 鶏肉

こうじゃなかった？

「しつこいくらい構ってた」

おいしくなる魔法

鶏もも肉を焼くなら
ひっくり返すのは一度だけ

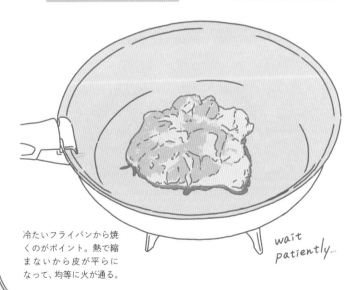

冷たいフライパンから焼
くのがポイント。熱で縮
まないから皮が平らに
なって、均等に火が通る。

wait
patiently...

どうして？

（ 身はジューシーになって 皮がパリパリに仕上がる ）

ちなみにささみは包丁で切らずに手でちぎるとタレなどがよくからんでおいしく食べられる。

たねあかし

生食は危ないからしっかり火を通したい鶏肉だけど、けっこう厚みがあるからうまく焼くのは難しい。そこで鶏モモ肉のおいしい焼き方を伝授。薄く油をひいた冷たいフライパンに、皮を下に置いて弱火にかける。皮8割、身は2割の意識で1回だけひっくり返して焼くと、皮がパリパリ、身はジューシーに仕上がるよ。皮から熱を加えることで身にはゆっくりなかまで火が通る仕組みなんだ。皮の余分な油もフライパンに落ちてヘルシーになるから一石二鳥！

39 ハンバーグ（ひき肉）

こうじゃなかった？
↓

「最初からフルメンバーでこねてた」

☆おいしくなる魔法☆

肉と塩だけでこねてから混ぜものを入れる

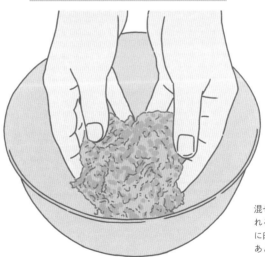

混ぜものを入れるのは充分に肉をこねたあとで。

どうして
？

肉と塩だけでこねると
ジューシーになる

お肉が20℃を超えすぎないよう、氷水で冷やした手でこねていくのが◎。

たねあかし

ひき肉は混ぜものを入れずに肉と塩だけでこねると、もっとジューシーになるよ。これは肉の繊維（アクチンとミオシン）が塩と結びつくことで粘り気のある繊維（アクトミオシン）に変わるため。ただし粘りが出すぎて硬くならないよう、頃合いを見て混ぜものを入れよう。ちなみにこの粘り気は20℃を超えると弱くなるので、木べらを使うか、手を氷水で冷やしながらこねるのがおすすめ。ひき肉はあえて常温に戻さないでこねるのが効果的だよ。

40 肉全般⑤

こうじゃなかった？
↓

「焼く前に塩味を染み込ませてた」

おいしくなる魔法

あとは「焼くだけ」の状態で はじめて塩を振る

塩は肉を焼く直前に
振る。コショウは焼
き上がってから振る
と香りを生かせる。

どうして？

塩を振って時間が経つと 肉の旨みが逃げてしまう

meat = 200g
↓
× 0.8 %
↓
Salt = 1.6g

ちなみに塩の量は肉の重さの0.8％が目安。200gの肉なら1.6gでちょうどいい味に。

たねあかし

肉に塩を振るのは、なかの水分を出して肉を引き締めるのと、焼いたときに表面を早く固めて肉汁を閉じ込めるのが目的。けれども塩を振ってから時間が経ちすぎると、肉のなかの水分といっしょに旨みも抜け出て逆効果になってしまうんだ。だから、塩は肉を焼く直前に振るものと心得よう。そして塩の量は肉の重さの0.8％がベストなので、これも覚えておくように。ただしハンバーグに限っては、焼く前に塩を振ると硬くなってしまうのでご注意を！

41 肉団子

こうじゃなかった？

「仕上がったお鍋に投入してた」

☆おいしくなる魔法☆

お鍋の肉団子は
冷たい出汁から煮る

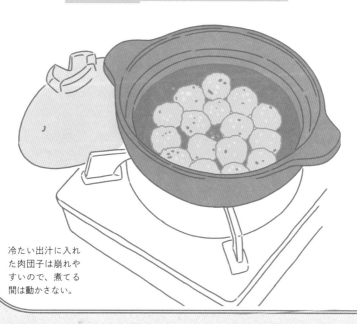

冷たい出汁に入れ
た肉団子は崩れや
すいので、煮てる
間は動かさない。

どうして？

まんべんなく火が通って しっとりと仕上がる

Juicy!!

出汁にも肉団子の旨みが溶け出して、シメのうどんや雑炊がもっとおいしくいただける。

たねあかし

鍋料理などでいただく肉団子は、まだ冷たい出汁からゆでると、肉全体に同じように火が通って、しっとりおいしく仕上がるよ。煮立った状態からだと、外側だけに火が通りすぎて、なかに火が通るころには外側がパサパサになってしまうんだ。それに水から煮ることで、肉団子から旨みが出て、お鍋なら出汁がいっそうおいしくなる効果も。ちなみに肉団子もハンバーグと同じで、最初に肉と塩だけでこねるともっとジューシーに！

42 ゆで卵

こうじゃなかった？

「早く作りたくて水をケチってた」

おいしくなる魔法

ゆで卵は**たっぷり**の
お湯でゆでる

お湯の量は、卵の高さの
1.5倍以上を心がける。

どうして
？

卵の温度でお湯が
ぬるくなるのを防ぐ

沸騰後6分＝超半熟
沸騰後8分＝半熟
沸騰後10分＝普通
沸騰後12分＝かたゆで

上記の時間はあくまで
目安。ゆでるお湯の量
で変わるから、自分の
湯量で調整する。

たねあかし

納は得のいくゆで卵が作れない人って、意外と多いので？　うまくゆでるには、いつも同じ時間で作れる環境を整えるのがポイント。そこで大事なのが、大量のお湯でゆでることと、卵を常温に戻しておくこと。お湯の量を多くして卵も常温に戻しておけば、鍋に卵を入れてもお湯がぬるくならず、卵に加わる熱が一定になりやすいんだ。ちなみに沸騰したお湯に卵を入れるさいは殻が割れてしまいがちだから、おたまに卵を置いてゆっくりお湯に浸けよう。

しょう油の種類と選び方

白醬油

1. 薄口（淡口）醬油よりもさらに色が薄いしょう油。大豆をあまり使わずに小麦メインで作ることで、琥珀色のような美しい色を生み出してるんだ。旨みも色も薄めだから、とにかく食材の味を生かしたい料理に風味付けとして使おう。

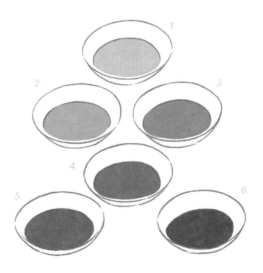

煮物に炒め物に焼き物に、日本では料理とあれば何にでもしょう油を使うものだけれど、そんなしょう油にもたくさんの種類がある。スーパーに行けば少なくとも濃口と薄口ともう1種類くらい、全部で3種類くらいは売っているはず。けど、自分が作りたい料理にどのしょう油を使うのがぴったりかなんて、そこまで気を遣ってなかった人も多いんじゃないかな？　ということでこのコラムでは6種類のしょう油の特徴と使いたい料理の種類をご案内。レシピにただ「しょう油」と書いてあっても、相性のよいしょう油を使うことで料理の仕上がりはグンとよくなるよ！

薄口（淡口）醤油

西日本ではメインのしょう油で、しょう油が主張しすぎないから素材のよさを生かしたい煮物や、出汁の風味を生かしたいお吸いものに使うのがおすすめ。濃口醤油より色が薄いけど、実は塩分が高いので使いすぎにご注意を。

濃口醤油

しょう油と言えば、何はなくともこれ。もっとも広く使われているしょう油で、刺身や煮物、そして東日本ではそばやうどんの出汁にも使われるくらい、何にでも使うことができるよ。これぞスタンダードと言うべきしょう油。

甘口醤油

九州や北陸で愛されている濃口の仲間のしょう油で、地域によって異なるけど塩味が抑えられている代わりに甘みと旨みが強く主張するよ。淡泊な白身魚のお刺身のほか、焼きおにぎりや馬刺し、照り焼きなんかと相性抜群！

再仕込み醤油

「再仕込み」の名の通りしょう油でしょう油を仕込んだ、長期間熟成による濃厚な風味が特徴。味と香り、色に深みがあるうえ、とろみもあって食材によくからむ。マグロや肉のような旨みのしっかりした食材にうってつけ。

溜醤油

ほぼ大豆のみを材料に仕込み水も少なくして、約1年もの長々期間を発酵＆熟成に充てた超々濃口のしょう油。旨みは凝縮、香りも独特、とろみは最高なので、食材を漬ける用途や蒲焼き、卵かけご飯なんかに使ってみて。

43 刺身①

こうじゃなかった？
↓
「食べたい厚さを優先してた」

おいしくなる魔法

赤身は厚く、白身は薄く。
刺身は引くように切る

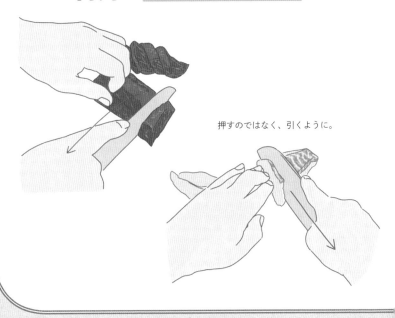

押すのではなく、引くように。

どうして？

刺身は赤身と白身で
硬さや食感が違うから

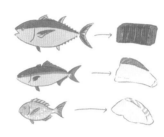

赤身魚＝カツオ、マグロ、サバ、イワシなど

中間魚＝ブリ、カンパチなど

白身魚＝ヒラメ、カレイ、サヨリ、フグなど

たねあかし

魚の身はもろいから押して切るとつぶれてしまい、見た目も食感も悪くなる。だから刺身は引いて切るのが基本。そして赤身魚は歯ごたえや食感を味わうために厚く切り、白身魚は噛みやすくなるよう薄く切るのも大事なコツ。このとき赤身は筋を断つように切ると柔らかくなるよ。ちなみに赤身と白身の食感の違いは筋肉の密度と脂肪量、コラーゲン量の差によるもの。赤身は脂肪が多いから柔らかく、白身はコラーゲンが多いからコリコリするんだ。

44 刺身②

タイムセール品をそのまま食べてた

おいしくなる魔法

時間が経った刺身は洗ってから食べる

塩と日本酒を合わせたものに
刺身をまぶす。塩と日本酒の
割合は1：9を目安に。

どうして
？

刺身の臭みが消えて
歯ごたえもよくなる

時間が経ったタイムセールのパック刺し身もまるで豪華なお造りみたいなおいしさに!?

\たねあかし/

新鮮な刺身はもちろん洗う必要はないけど、スーパーのお買い得品みたいな時間が経ったものは、洗ってから食べるとおいしさがアップ！ 手順は簡単で、流水に数秒さらして臭みのもとを流したら、ボウルに入れた日本酒と塩に刺身をまぶして軽く揉む。あとは水気をキッチンペーパーで拭き取ればOK。日本酒の成分（カルボニル化合物）が臭みのもと（トリメチルアミン）を消すうえ、塩の浸透圧で余計な水気も抜け、歯ごたえがよくなるんだ。

45 焼き魚①

こうじゃなかった？

↓

「臭みを気にしてよく洗ってた」

✧おいしくなる魔法✧

切り身は水で洗わずにそのまま焼き始める

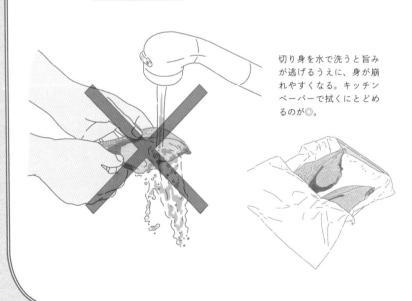

切り身を水で洗うと旨みが逃げるうえに、身が崩れやすくなる。キッチンペーパーで拭くにとどめるのが◎。

どうして？

切り身を洗うと
旨みが逃げるから

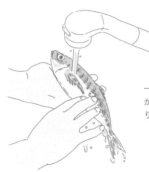

一尾丸ごとなら、細菌が気になるのでしっかり流水で洗う。

たねあかし

魚は、皮膚やエラ、ワタとかに付いている細菌（腸炎ビブリオ）が心配。でもこの菌は水道水と熱に弱いので、洗ったり焼いたりすればあまり神経質にならなくてもいいんだ。エラやワタのない切り身は、焼いて食べるなら洗わなくていいし、むしろ洗うと旨みが逃げてしまう。においが気になるなら数秒だけ流水にかけてから、よく拭き取るようにしよう。そもそも焼く前に塩を振って出た水分をしっかり拭き取れば、臭みはかなり弱くなるはずだよ。

46 焼き魚②

こうじゃなかった？

「塩振りは味付けだけだと思ってた」

おいしくなる魔法

青魚を焼くなら**時間を置いて** **2回に分けて**塩を振る

青魚は一度塩を振ってから10分ほど置き、出てきた水気と塩をキッチンペーパーで拭き取る。

どうして？

塩が青魚の生臭さを消す

Trimethylamine

臭み成分（トリメチルアミン）は高温で消える。
最初の塩で臭み成分をある程度排除し、その後
しっかり焼けばにおいはかなり弱まる。

たねあかし

魚を焼くときに塩を振るのは、身を引き締めるだけでなく、水分といっしょに生臭さの元（トリメチルアミン）を出すのが目的。臭みの強い青魚は1回塩を振ったら10分ほど置いて、出てきた水気を拭いてからもう1回塩を振って焼こう。白魚は臭みが弱いから、直前に1回だけ塩を振ればOKだよ。また、魚の身はもろいので、盛り付けるときの表面から焼き始めて、ひっくり返すのは1回だけにするように！（両面焼きグリルは身を返す必要なし）

47 煮魚

こうじゃなかった？

「生臭い煮魚ばかり作ってた」

おいしくなる魔法

出汁を**沸騰させて**から 魚を**煮始める**

煮汁はしっかりと沸騰。
赤身魚は長時間、白身魚
は短時間で仕上げるのが
コツ。

どうして？

冷たい出汁から煮ると
旨みも臭みも煮汁に溶け出す

ちなみに落とし蓋をすれば煮汁が対流
して上側からも火が入るので、少ない
煮汁で調理できる。

\たねあかし/

煮汁が冷たいうちに魚を入れると、煮立つまでに旨み
が煮汁に逃げてしまう。それと魚の臭み（トリメチ
ルアミン）は水に溶けやすいので、沸騰した煮汁に入れて
表面をサッと固めることで、臭みを煮汁に移さない目的も
あるんだ。ただし魚に熱湯をかける「霜降り」で臭みを流し
た場合は、冷めた煮汁から加熱しても問題なし。魚は身が
もろいから、鍋のなかで身があまり動かないように落とし
蓋をして、煮崩れを防ぐのも大事だよ。

48 サンマ

「そのまま焼くのが醍醐味と思ってた」

焼く前に**背骨に沿って**
切れ目を**1本入れる**

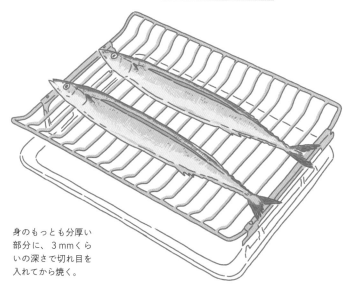

身のもっとも分厚い
部分に、3mmくら
いの深さで切れ目を
入れてから焼く。

どうして？

均一に火が通るし 皮ごと食べやすくなる

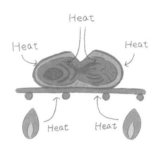

切れ目が入ると厚みがならされて、火
の通りの差が小さくなる。

たねあかし

サンマを焼くときは、背骨に沿って横一文字に切れ目を入れておくのがおすすめ。身のいちばん分厚い部分を開くことで、全体にまんべんなく火が通るし、食べるときに皮と身をいっしょにつまみやすくなって、サンマのおいしさを余すことなく味わえるんだ。ちなみにサンマの鮮度は、お腹の弾力（内臓が新鮮なほど弾力性が高い）と、下あごの先端が黄色いかどうか（鮮度が落ちると茶色になる）に注目すると見分けやすいよ。

49 タコ

こうじゃなかった？
↓

「柔らかい煮タコはお店だけと思ってた」

おいしくなる魔法

同じ鍋にダイコンを入れて 弱火でコトコト煮込む

ダイコンと煮れば
タコが柔らかくな
るし、ダイコンに
もタコの旨みが染
み込んで一石二鳥。

どうして？

(ダイコンのなかの成分が
タコの筋肉を分解するから)

煮物以外の料理でタコを使う
ときは、ダイコンおろしで揉
み洗いして柔らかくする。

たねあかし

獲物を締め上げるために頑丈な筋肉でできているタコの足。実はダイコンは、このタコの足の筋肉繊維（パラミオシン）を柔らかくする酵素（プロアテーゼ）をたくさん持っていて、だからいっしょに煮るとタコが柔らかくなるんだ。そしてこの筋肉をゆっくりほぐす感覚をイメージすれば、弱火＆長時間が煮タコの基本になるのもわかってもらえるよね。ちなみに、煮物以外でタコを使うときはダイコンおろしで事前に揉み洗いすれば柔らかくいただけるよ。

50 イカ

こうじゃなかった？
↓

「じっくり調理しても硬いままだった」

中途半端な時間ではなく
短時間か長時間の二択で加熱

時間がないときは
煮込みは超短時間
ですませるのがベ
ター。煮汁は少な
めにしてイカから
出る水分を生かす。

どうして
？

短時間か長時間だと柔らかく、
中途半端な時間だと硬くなる

中途半端な加熱時間がいちばんダメ。コトコト煮るなら1時間以上根気よく！

たねあかし

イカは火を通すと柔らかくなって、いったん硬くなってからまた柔らかくなる性質がある。だからイカを柔らかく食べるには繊維が縮まらないうちにできあがりにするか、時間をかけて加熱して繊維がほぐれるのを待つかの二択になるんだ。おすすめは、焼くときは短時間、煮るときは長時間の調理かな。ちなみにイカの身の82％は水分で調理中にどんどん水が出てくるので、イカの旨みが濃厚になるように煮汁や調味液は少なめにするのが正解！

51 エビ

こうじゃなかった？

「洗ってもエビ臭さが残ってた」

おいしくなる魔法

エビは水で**洗う前**に
片栗粉をまぶして揉む

むきエビは片栗粉と塩をまぶして揉んだの
ち、水で流し落とす。

どうして？

臭みが消えて
プリプリするから

ちなみに背わたは、エビの
背に爪楊枝や竹串を刺し
て、引きずり出すようにし
て取るのが簡単。

\ たねあかし /

エビで大事なのは下ごしらえ。殻をむいて洗うと旨み
が流れるから、殻付きはそのまま塩をまぶして流水
で洗おう。殻が付いてないむきエビは片栗粉と塩で揉み込
んでから洗い流して水気を拭き取ると、臭みが消えてプリ
プリした食感に。片栗粉を使うのは細かい粒が表面の汚れ
とにおいを取り除くからなんだ。ちなみに、面倒でも背わ
たは必ず取ってから調理するのが◎。背わたは消化器官な
ので取ると臭みや苦みがなくなり、食感もよくなるよ。

52 アサリ／シジミ

こうじゃなかった？
↓
「砂を抜いたらすぐに調理していた」

おいしくなる魔法

貝は**砂抜き**を終えたら
放置するか冷凍する

砂抜き後のアサリは水からあげて常温で3時間放置するとうま味（コハク酸）が増える。シジミは砂抜き後に冷凍するとうま味（オルニチン）が8倍に増える。

どうして？

放置か冷凍をすると
うま味がアップするから

ちなみに砂抜きの時間がないときは、50℃の
お湯に入れてもよい。5分ほどで砂を吐き出し
始める。なお、50℃洗いした貝は冷凍保存せ
ずに、必ずすぐに調理すること。

たねあかし

アサリもシジミも、まずは水道水で細菌を洗い流してか
ら、吐き出した砂を吸い込まないように水切りを敷い
たバットに並べよう。アサリの場合は水道水1Lに塩大さじ2、
シジミの場合は塩小さじ1／2の塩水をひたひたになるくら
いまで入れて、あとはアルミホイルなどをかぶせて暗くした
ら常温で3〜5時間放置すれば砂抜き完了。うま味をアップ
させたいなら、アサリは3時間ほど常温放置、シジミは水気
を切ってからチャック付きポリ袋に入れて冷凍するのが◎。

53 カキ

こうじゃなかった？
↓
「カキの臭みはあきらめてた」

カキは調理の前に
片栗粉で優しく洗う

カキを洗うときの片栗粉の量は、全体がしっかり隠れるくらいの量で。

どうして
？

ぬめりや独特のにおいを
片栗粉が吸着してくれる

カキのぬめりは片栗粉のデンプン
に吸着させるか、ダイコンの酵素
で分解するかで対抗！

たねあかし

　カキのぬめりには汚れや雑菌、におい成分が含まれる。このぬめり、実は片栗粉で簡単に取れるんだ。まずはボウルにむきガキを入れたら、全体を覆うくらいの片栗粉をたっぷりまぶす。次に少しの水と塩を入れて優しく揉むと、片栗粉の細かな粒がにおい成分と雑菌を吸着して、汚れをきれいに落としてくれるよ。最後に塩水でよく洗い流せば、清潔で臭みも消えたプリプリのカキに！　ちなみにダイコンの酵素もカキのにおい成分を分解するはたらきがあるので、ダイコンおろしで洗うのもおすすめ。

54 昆布①

こうじゃなかった？
↓
「表面の白い粉を恐がってた」

おいしくなる魔法

昆布は**水で洗ったり**せず 表面の**白い粉を大切にする**

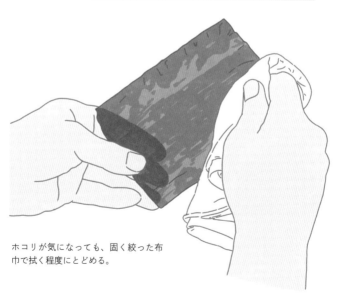

ホコリが気になっても、固く絞った布
巾で拭く程度にとどめる。

どうして
？

表面の白い粉は大事な
うま味成分だから

表面の白い粉は、なめると少し甘くて
おいしいうま味成分のマンニット。

たねあかし

昆布は水に濡らすとうま味が流れ出てしまうから、洗わずに使うのが基本。もしホコリや汚れが付いていたら、固く絞った濡れ布巾などでさっと拭く程度でOKだよ。よく汚れと勘違いされる表面の白い粉は、マンニットと呼ばれるうま味成分なので、取り除かないように注意。ちなみに昆布は、湿っぽい場所に放置しておくと白カビが生えやすいので、これとマンニットを見間違えないように気を付けて！　綿状でカビ臭ければ白カビ、粉状ならマンニットと判断しよう。

55 昆布②

こうじゃなかった?

「うま味を求めてとことん煮込んでた」

☆おいしくなる魔法☆

昆布は**水の状態から**弱火で じっくり**ゆっくり煮込む**

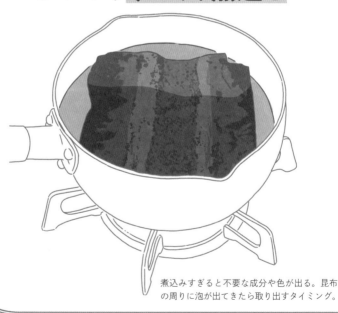

煮込みすぎると不要な成分や色が出る。昆布
の周りに泡が出てきたら取り出すタイミング。

どうして？

煮込みすぎると
ぬめりや臭みが出始める

一晩寝ると
complete!

昆布を10時間水に
浸けるだけでも出
汁が取れる。ただ
し浸けすぎは臭み
が出るので注意。

たねあかし

昆布は煮込むとぬめり（アルギン酸）や臭み、えぐみが出て風味が悪くなるから、煮立たせは厳禁。ちなみに、昆布は60℃で1時間煮出すとうま味（グルタミン酸）がもっとも出るんだけど、温度管理が難しいのが玉にキズ。そこで60℃の状態が長くなるよう、水から弱火で煮始めて沸騰前に取り出すのが、簡単かつおすすめの出汁の取り方になるよ。繊維に垂直な切り目を入れるとうま味が出やすくなるから、煮出す前にハサミを入れておくのが◎。

56 かつお節

こうじゃなかった？

「上品な出汁は料亭限定と思ってた」

おいしくなる魔法

お湯は**沸騰させ**ない、**煮込ま**ない、**絞ら**ない

沸騰寸前のお湯にかつお節を入れたらすぐに火を止めるのがコツ。かつお節の香りは消えやすいので加熱は厳禁。

どうして？

生臭さや雑味のない
香り高い上品な出汁になる

NG

かつお節を絞るとえぐみや雑味が出る。出汁がポタポタと落ちるのを待つだけにしよう。

たねあかし

かつお節のうま味（イノシン酸）は85℃でいちばん多く溶け出すけど、香り成分がもっとも強くなるのは70℃とも言われている。どっちにしても温度調整は難しいので、沸騰したお湯＆加熱がNGと心得ればOK。沸騰手前、鍋の底全体から泡が出てきたらかつお節を入れて、すぐに火を止める。あとはかつお節が下に沈んだら取り出せば出汁取りは完了。煮込むと香り成分が飛ぶし、生臭さや雑味（ピペリジンやトリメチルアミン）も出るので絶対に避けて。

57 煮干し

こうじゃなかった？
↓

「煮干し出汁はイマイチと思ってた」

おいしくなる魔法

頭とわたをきちんと取り除いてから煮始める

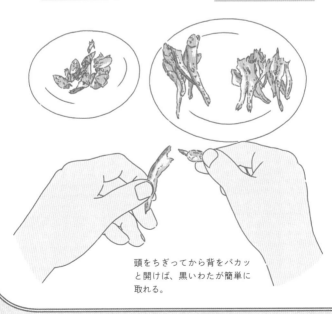

頭をちぎってから背をパカッ
と開けば、黒いわたが簡単に
取れる。

どうして
？

苦みや雑味の少ない きれいな出汁になるから

Niboshi

Teapack

Putin!

市販のお茶パック
に入れて出汁を取
ると、煮干しの取
り出しが簡単！

たねあかし

煮干しで出汁を取るときは、苦味やえぐみが出てしまわないよう頭とわたをあらかじめ取り除いておこう。身だけになった煮干しは最低でも水に30分以上浸してから強火にかけて、沸騰したら弱火で5〜10分ほど煮出す。あとは煮干しを取り出せば出汁取りは完了だよ。煮干しの強いうま味（イノシン酸）は味噌のうま味（グルタミン酸）と相性がよいうえ、煮干しの臭みを味噌が打ち消してくれるので、味噌汁の出汁としてぜひ使ってみて。

58 味噌汁

こうじゃなかった？

「味噌汁は小さなお鍋と思っていた」

★おいしくなる魔法★

具材で入れる**順番を変えて**煮込む**時間に差をつける**

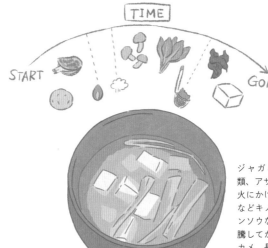

ジャガイモなど根菜類、アサリなど貝類は火にかける前。ナメコなどキノコ類、ホウレンソウなど葉物類は沸騰してから。豆腐やワカメ、長ネギは味噌を溶いてから入れる。

どうして？

火にかけすぎると 味噌の風味が飛ぶから

味噌も出汁も香りが飛びやすいので、煮立たせるのは厳禁。

たねあかし

味噌汁はジャガイモなどの火の通りにくい具材から入れるのが基本。ほかにも出汁を取りたい魚介類も、最初から入れるのがおすすめだよ。沸騰したらキノコや葉物を入れるんだけど、気をつけたいのは味噌を入れるタイミング。味噌を溶かしてから沸騰させると風味が飛んでしまうので、味噌を入れるのは最後と心がけよう。例外は豆腐やわかめ、ネギのような火が通りやすい具材で、これらは味噌を溶かしたあとに入れて温める程度の感覚でOK！

59 パスタ①

「気分で太さを選んでいた」

✦おいしくなる魔法✦

ソースとの**相性**で
パスタの**太さをチェンジ**する

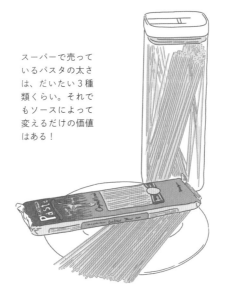

スーパーで売っているパスタの太さは、だいたい3種類くらい。それでもソースによって変えるだけの価値はある！

どうして？

ソースのからみが変わって おいしさに差が出るから

Capellini
0.8〜1.0mm：カッペリーニ
＝冷製パスタなど

Fedelini
1.4〜1.5mm：フェデリーニ
＝オイル系やスープパスタなど

Spaghettini
1.6〜1.7mm：スパゲッティーニ
＝トマトソースやミートソースなど

Spaghetti
1.8〜1.9mm：スパゲッティ
＝クリーム系やナポリタンなど

Linguine
楕円形：リングイネ
＝ジェノベーゼや濃いめのトマトソースなど

Fettuccine
幅広形：フェットチーネ
＝クリーム系やラグー（野菜や肉の煮込み）ソース

たねあかし

パスタにはいろんな太さがあるから、どれを買うか悩んだことがあるはず。パスタは太さによってソースのからみ方が変わるので、ソースの種類に合わせて太さを選ぶのが正解。具体的には、薄いソースには細麺、濃いソースには太麺が合うと考えよう。スーパーなどでよく見かける1.4mm〜1.6mmの細麺はペペロンチーノなどのオイル系やトマトソース系がぴったり。1.8mm以上の太麺はカルボナーラやクリーム系、ナポリタンのような濃厚系がマッチするよ。

60 パスタ②

こうじゃなかった？

「たっぷりのお湯でゆでてた」

おいしくなる魔法

ペペロンチーノに限っては
少なめの水でゆでてみる

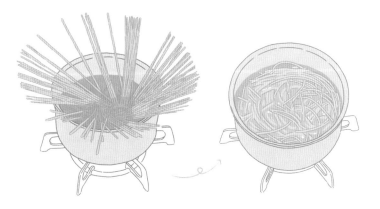

ペペロンチーノなら水の量は1人前＝100gで1Lが
目安。それ以外のパスタは通常の水の量でOK。

どうして？

ゆで汁を使ったソースに
とろみが出やすいから

Al dente!! \ Buono! /

ゆで時間は表記より1分短くしてアルデンテを目指し、もっちりプリプリを味わいたい。

たねあかし

パスタのゆで汁に含まれるでんぷん（サポニン）には水と油を混ぜる乳化作用があるから、ソースに入れると麺にからみやすくなる。そこでゆで汁以外に乳化剤のないペペロンチーノではあえて少ない水でゆでて、でんぷんの濃度を高くするのがコクを出す秘訣。少ない水でゆでると麺同士がくっつくので、よくかき混ぜることを忘れずに。ゆで汁の塩分濃度は1〜1.5％が目安で、麺に塩味が付くし、グルコースやアミノ酸が塩と合わさって風味もよくなるよ。

61 サンドイッチ

こうじゃなかった？
↓
「ヘルシー志向でバターを塗らずにいた」

おいしくなる魔法

サンドイッチのパンには
恐れずにバターを塗る

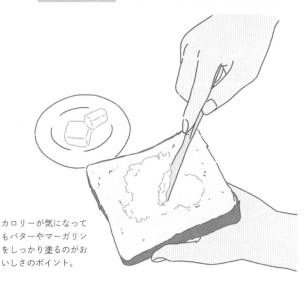

カロリーが気になって
もバターやマーガリン
をしっかり塗るのがお
いしさのポイント。

どうして？

具材から出る水が
パンに染み込むのを防ぐ

Butter Barrier

Lettuce
Bacon
Tomato

油は水を弾く、というわけでバターが具材
の水分からパンをバリアしてくれる。

たねあかし

カロリーが気になると油は控えたくなるけど、サンドイッチに塗るバターやマーガリンには味付け以外のきちんとした理由があるよ。それは「①バターやマーガリンの油分が具材の水分を弾き、パンに染み込むのを防ぐ」「②具材とパンを密着させる」「③塩味とコクをプラスする」の3つ。特に①の「具材から出る水分を弾く」はパンの食感を保つだけでなく、水分を吸ったサンドイッチが傷みやすくなるのを防ぐという大事な効果もあるんだ！

62 ドレッシング

こうじゃなかった？
↓

「ノンオイルこそヘルシーと思ってた」

おいしくなる魔法

サラダは**野菜によって**
ドレッシングを変える

使われている野菜
に合わせてドレッ
シングの油の有り
無しを選ぼう。

どうして？

ビタミンなどの栄養を
余さず摂れるから

oil dressing

オイルドレッシングに合う野菜
脂溶性＝ビタミンA、ビタミンD、ビタミンE、ビタミンK
（レタス、ニンジン、トマト、パプリカ、キャベツ、ニラ、コマツナなど）

ノンオイルドレッシングに合う野菜
水溶性＝ビタミンB群、ビタミンCなど
（キャベツ、ブロッコリー、ほうれん草、アスパラ、ピーマン、パプリカなど）

たねあかし

健康を気にするとカロリーの少ないノンオイルドレッシングが万能に思えてくるけど、実はそうとも言い切れない。野菜の大事な栄養素のビタミンは水溶性（水に溶けやすい）と脂溶性（油に溶けやすい）に分けられて、水溶性はノンオイルドレッシング、脂溶性はオイルドレッシングといっしょに食べると、体に吸収しやすくなるんだ。だから使う野菜に合わせてドレッシングを使い分けるのが、本当にヘルシーなサラダの食べ方になるよ。

63 炒め物

こうじゃなかった？
↓
「炒め始めから調味料を入れてた」

✧おいしくなる魔法✧

**炒め物の調味料は
火が通った 終盤に入れる**

調味料は具材が充分に
炒まってから投入。塩
コショウは最後の調整
用に使う。

どうして？

野菜がシャキッと炒まるから

Watery……

先に調味料を入れると、野菜から水分が出てしまいベシャベシャの仕上がりに。

たねあかし

炒め物を作るときは、具材が炒め終わるくらいで初めて調味料を入れるのが鉄則。なぜなら、調味料を先に入れると（味の薄いほうから濃いほうに水が移動する）浸透圧によって野菜から水分が流れ出てしまうから。結果として、野菜をシャキッと仕上げたいのにベチャッと仕上がってしまうんだ。一方で、この浸透圧を利用した真逆の調理法もある。例えば飴色タマネギのように野菜の水気を引き出すときは、初めに塩を入れることで仕上がりが早くなるよ。

64 みりん

こうじゃなかった？
↓

「1回入れたらもう満足していた」

おいしくなる魔法

みりんは**2回**に**分けて入れる**

煮物の具材に火が通って
からみりんを入れると、
照りやツヤが出て見た目
がよくなる。

どうして？

味付けや臭み消しなら最初、照りやツヤなら最後が効果的

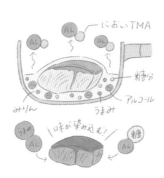

みりんのアルコールがにおい成分と同時に蒸発（共沸効果）するうえ、アルコールといっしょに旨みや糖分が身に浸透して、味もなじみやすい。

たねあかし

複数の糖類とアルコールでできているみりんは、入れるタイミングで効果が変わる。例えば煮物ならみりんを最初に入れると、アルコールが肉を柔らかくして味が染み込むのを助けるし、煮魚ならアルコールの蒸発といっしょに臭み成分を飛ばしてくれる。ほかにもみりんには焼き色や香ばしい香りを与える効果（アミノカルボニル反応）もあって、仕上がる直前に入れれば照りやツヤを出してくれるんだ。だから2回に分けて入れるのがおすすめってわけ！

冷蔵庫の各部屋の使い分け

冷蔵室　約3〜6℃

約3〜6℃の温度で、常備菜などの一度調理した料理＆食材、卵、飲みものや調味料類の保存にぴったり。ただし冷蔵室はスペースが広いぶん室内の温度にも幅が生まれやすいから、傷みやすい食材は冷えやすい下段に置くようにして。

チルド室　約0〜2℃

約0〜2℃という食材が凍る直前の温度で、冷凍させたくないけど少しでも長もちさせたい肉や魚といった生鮮食品に使う。また、低い温度は発酵や熟成を遅らせられるから、チーズやバター、ヨーグルトなどの乳製品、漬物や味噌などの発酵食品、生麺類なんかの保存にもうってつけなんだ。

い まては冷蔵庫って、かなり高機能になった！ ひとり暮らし用だと冷凍室と冷蔵室のシンプルな２ルームタイプも多いけれど、ファミリー向けの大容量タイプでは、冷蔵室、チルド室、パーシャル室、野菜室、冷凍室、製氷室……と、たくさんの部屋を備えてる。ところで、この冷蔵庫のいろんな部屋をみんなはきちんと有効活用できてるかな？

食材の保存のことを考えに考えて、日々進化を繰り返している冷蔵庫。その機能をしっかり引き出すためにも、冷蔵庫の各部屋の違いと使い分け方を把握しておこう。なにより、食材をきちんと保存できれば料理はさらにおいしくなるからね！

パーシャル室　約－３〜－１℃

チルド室よりもさらに低い、約－３〜－１℃で保存。肉や魚が完全に凍結する－５℃のギリギリ寸前をキープして、解凍せずに包丁が入る"微凍結"状態にすることでさらに鮮度を保つ。もしパーシャル室があるなら、肉や魚などの生鮮食品を保存するときに積極的に活用しよう。

冷凍室　約－20〜－18℃

約－20〜－18℃と、冷蔵庫でもっとも低い温度の冷凍室は、長期保存したい食材＆食料のための部屋。冷凍食品やアイスクリームだけでなく一度調理したものにもぴったりで、特にご飯やおもち、スープやソース類は家でも冷凍保存しやすい。もちろん肉や魚の冷凍はお手のもの。意外にも冷凍保存でおいしくなる食材があるので、次ページからの『おいしさを保つ魔法』も参考に！

野菜室　約３〜８℃

約３〜８℃と冷蔵室よりほんの少しだけ高い温度なんだけど、いちばんの違いは室内の湿度。湿度を高くすることで、乾燥によって野菜の鮮度が落ちることを防いでいるんだ。ただし野菜は種類によって保存に適した温度や湿度にも違いがある。野菜ならなんでもかんでも入れればいいわけではないので、こちらも次ページからの『おいしさを保つ魔法』をご参考に！

おいしさを保つ 魔法

01 米

こうじゃなかった？
↓

「シンクの下が定位置だった」

✦保存の魔法✦

密閉容器に入れて野菜室へ

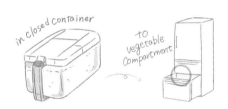

in closed container

to vegetable compartment

どうして？

米は熱と湿気とにおいに弱い

手順と理由

米は18℃以上の湿度が高い場所で保管すると虫がつきやすくなる。逆に10℃以下では劣化が遅くなるから、冷蔵庫の野菜室は米の保存にぴったりなんだ。ただし米はにおいが移りやすいので、必ず密閉容器に入れるのを忘れずに。

02 ご飯

こうじゃなかった？
↓
「まとめて大量保存してた」

✦保存の魔法✦

小さく薄く分けて**冷凍室**へ

on Aluminum Tray

to freezer

どうして？

（ 急速で冷やしたほうが劣化しない ）

手順と理由

米のでんぷん質は3〜5℃でもっとも劣化するから、できるだけ早くこの温度を通過させたい。そこで小さく薄くラップして金属トレーに置いて急冷するのがおすすめ。ご飯が熱いうちに水蒸気ごとラップすると、温めたときにふっくらするよ。

03 キャベツ／レタス

こうじゃなかった？
↓

「買ってきたまま冷蔵庫に入れてた」

✦保存の魔法✦

芯をくり抜いてから野菜室へ

どうして？

（ 芯があると葉の栄養が奪われる ）

手順と理由

キャベツやレタスは芯があると成長しようとして
栄養が抜けていくから、芯をくり抜いてから保
存しよう。くり抜いたところに湿らせたキッチン
ペーパーを詰めて、ポリ袋に包んだら野菜室へ！
（キッチンペーパーは小まめに替えること）

04 長ネギ

こうじゃなかった？

「収まり重視で冷蔵庫で寝かせてた」

✦保存の魔法✦

立てる＆保湿で野菜室へ

Cut & Stand!!

to vegetable compartment

どうして？

（ 縦に伸びる野菜は立てると長もち ）

手順と理由

長ネギのように縦に伸びて育つ野菜は、立てて保存すると鮮度を保ちやすい。乾燥を避けるために濡らしたキッチンペーパーに包んでからチャック付きポリ袋に入れたら、冷蔵庫の野菜室へ。立てて入らないなら切ってしまえばOK。

scene 05 タマネギ

こうじゃなかった？
↓
「野菜室に投げ込んでた」

✦保存の魔法✦

紙に包んで冷蔵室へ

News paper

to fridge

どうして？

（　保存の敵である湿気を防ぐため　）

手順と理由

タマネギの保存の敵は湿気。だから湿気を調整してくれる新聞紙（キッチンペーパー）に1個ずつ包んで、野菜室より湿度が低い冷蔵室に入れるのが◎。常温保存できるから、カゴに入れて風通しがいい冷暗所で保存してもOKだよ。

06 ダイコン／カブ

こうじゃなかった？

「根と葉を仲よくくっつけてた」

✦保存の魔法✦

根と葉を**切り分けて野菜室**へ

Cut & Wrap!

TO vegetable compartment!

どうして？

葉っぱに根の栄養を使わせない

手順と理由

ダイコンやカブは葉を残すと根の栄養が吸い上げられてしまうので、切り分けて保存するのが正解。根はピッチリとラップしたら立てた状態にして（p.149参照）野菜室へIN。葉はチャック付きポリ袋に収めて冷凍庫に入れるのもおすすめ。

07 ニンジン

こうじゃなかった？
↓
「素っ裸で干からびさせてた」

✦保存の魔法✦

1本ずつ**紙に包んで野菜室**へ

News paper

to vegetable compartment

どうして？

（ ニンジンが苦手な乾燥を防ぐ ）

手順と理由

葉付きのニンジンもダイコンと同じ理由で、根と葉で切り分けてから保存！　あとニンジンは乾燥が苦手なので、湿気を調整してくれる新聞紙（キッチンペーパー）に1個ずつ包んで、ポリ袋に入れてから立てた状態で野菜室に入れよう。

08 レンコン／ゴボウ

こうじゃなかった？

「きれいに土を払ってあげてた」

✧保存の魔法✧

土付きのまま野菜室へ

with soil

to vegetable compartment

どうして？

土が付いてると乾燥に強い

手順と理由

土が付いた根菜は土付きのまま新聞紙（キッチンペーパー）に包んで、チャック付きポリ袋に入れて野菜室へ。カット済みは特に乾燥に弱いから、濡れキッチンペーパーに包んでからチャック付きポリ袋に入れて、野菜室で保存するのが◎。

scene 09　ジャガイモ

こうじゃなかった？

「シンクの下で芽が成長してた」

✦保存の魔法✦

紙とポリ袋に包んで野菜室へ

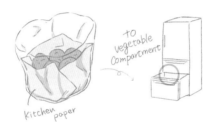

to vegetable compartment

Kitchen paper

どうして
？

(ジャガイモは湿度も乾燥も苦手)

手順と理由

ジャガイモは1個ずつキッチンペーパーで包んだ
ら、まとめてポリ袋に入れて野菜室で保存。ジャ
ガイモは湿度も乾燥も苦手なので、キッチンペー
パーとポリ袋で二重にすることで保存にちょうど
いい環境を作ってあげよう。

scene 10 トマト

↓

「周りの野菜が傷みやすかった」

✧ 保存の魔法 ✧

しっかり密封して野菜室へ

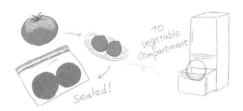

to vegetable compartment

sealed!

どうして
?

（ほかの野菜に影響するガスを出すから）

手順と理由

トマトから出るエチレンガスは野菜や果物を成長させて保ちを悪くするので、チャック付きポリ袋に入れて野菜室へGO。トマトが青いときは常温で日光に当てて、赤くなるまで熟れさせよう。ヘタを下に向けておくとより長もちするよ。

scene

11 ピーマン

こうじゃなかった？
↓
「野菜室に直行させてた」

✦保存の魔法✦

紙とポリ袋に包んで野菜室へ

kitchen paper

to vegetable compartment

どうして？

ピーマンの大敵の湿気を防ぐ

手順と理由

基本的に1個ずつキッチンペーパーに包んでか
らポリ袋に入れて野菜室へ。ただし湿気がこもら
ないよう、袋の口は少し開けておこう。保存に適
した温度は7〜10℃だから、冬場ならペーパー
に包んでから冷暗所で常温保存もできるよ。

12 ニラ

こうじゃなかった？
↓

「すぐにしなびさせてた」

✧保存の魔法✧

水に浸して野菜室へ

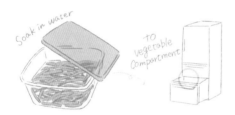

Soak in water

to vegetable compartment

どうして？

(水気を吸ってしなびなくなる)

手順と理由

冷蔵庫に入れるとすぐにへなへなにしなびてしまうニラは、水に浸すのがコツ。使いやすい大きさにカットしたらタッパーに入れて、水をひたひたに浸して野菜室へ。2日ごとを目安に水を交換すると、驚くほど長もちしてくれるよ。

13 ニンニク

こうじゃなかった？
↓
「冷暗所でじっくり育ててた」

✦保存の魔法✦

密閉ポリ袋に入れて野菜室へ

kitchen paper

to vegetable compartment

どうして？

(におい漏れと芽が伸びるのを防ぐ)

手順と理由

風通しのよい冷暗所で保存してもいいけど芽が伸びがち。ひと房ごとにペーパーで包んだら、においを閉じ込めるようチャック付きポリ袋に入れて野菜室へ。小さく切ってからオリーブ油に漬け、ガーリックオイルにしてサラダなどに使うのも◎。

14 ショウガ

こうじゃなかった?

「乾燥していく様子を見守ってた」

✦保存の魔法✦

水に浸して冷蔵室へ

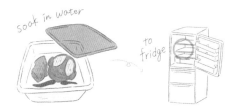

soak in water

to fridge

どうして?

(乾燥を防いでシャキシャキを保つ)

手順と理由

冷蔵庫に入れるとカピカピになりがちなショウ
ガは、乾燥を防ぐために水に浸して冷蔵室で保
存。水は2～3日を目安に取り替える必要がある
けど、鷹の爪を入れると3～4日ごとでOKにな
るよ。なんと1カ月はおいしさをキープ可能!

scene

15 モヤシ

こうじゃなかった?
↓
「冷蔵庫でグジュグジュになってた」

✧保存の魔法✧

水に浸して**チルド室**へ

soak in water

to chilled

どうして?

モヤシの成長環境に近づくから

手順と理由

冷蔵の場合はタッパーに入れ、水で浸してチルド室へGO。ただし水は1〜2日で替える必要があるよ。未開封なら袋のまま冷凍で保存もおすすめ。使いかけならいったん洗ってから水気を切って、チャック付きポリ袋に入れて冷凍庫へ〜!

16 ミョウガ

こうじゃなかった？
↓
「保存はもうあきらめてた」

✦保存の魔法✦

水に浸して冷蔵室へ

soak in water

to fridge

どうして？

乾燥を防いでシャキシャキを保つ

手順と理由

傷むのが早かったり芯や花芽が出てきたりと保存が難しいミョウガだけど、丸ごとでもカット済みでも、タッパーに入れて水に浸けるのがベター。冷蔵室に入れて水を2日おきに交換すれば、1週間はおいしくいただけるよ。

scene

17 大葉（シソ）

こうじゃなかった？
↓
「ラップ＆野菜室でいけると思ってた」

 ✧保存の魔法✧

瓶に入れたら立てて冷蔵室へ

Stand in jar

to fridge

どうして？

(軸から水を与えて乾燥を防ぐ)

 手順と理由

大葉の乾燥や変色を防いでくれるのが、ジャムやなめたけなどが入ってたガラス瓶。葉のほうから瓶に入れて5mmほどの水を注いだら、フタを閉めて冷蔵室へ。瓶を逆さにすれば軸が水に浸って乾燥を防げるよ。水は2〜3日を目安に交換を。

18 パクチー（香菜）

こうじゃなかった？
↓

「使い切れずダメにしてた」

✧ 保存の魔法 ✧

食べやすく**刻んで**から**冷凍室**へ

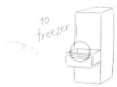
to freezer

Cut & Seal

どうして？

（　　根から水を与えて乾燥を防ぐ　　）

手順と理由

食感を気にしないなら、刻んで水気を切ってから冷凍保存袋に入れて冷凍するのが◎。冷蔵なら湿らせたキッチンペーパーで根元を包み、チャック付きポリ袋に入れて野菜室へ。葉に水が付くとそこから傷んでくるので水気はよく拭き取ろう。

19 キノコ

こうじゃなかった？
↓

「パックに戻して冷蔵してた」

✧保存の魔法✧

小房に分けて冷凍室へ

cut & seal

to freezer

どうして？

（ 　長期保存できて、うま味も増す　 ）

手順と理由

シメジのように石づきから傷むことが多いキノコ
類は、基本的に小房に分けてからチャック付きポ
リ袋に入れて野菜室へGO。同じようにポリ袋に
入れてから冷凍するのも、長期保存できるうえに
うま味も増すから特におすすめだよ。

20 肉全般

こうじゃなかった？
↓

「トレイのまま冷蔵庫に突っ込んでた」

✦保存の魔法✦

ピッチリ**ラップ**して**チルド室**へ

wrap tightly

to chilled

どうして？

酸化と菌の繁殖を防ぐ

手順と理由

肉は空気に触れると酸化と菌の繁殖が進むから、トレイから出してピッチリとラップするのがコツ。冷蔵ならチルド室に入れ、冷凍なら冷凍保存袋にも入れて冷凍焼けを防ごう。ただし、傷みやすい鶏肉と挽肉の冷蔵保存は絶対避けるように！

scene 21 ハム／ベーコン／ソーセージ

こうじゃなかった？
↓
「塊のままラップ冷蔵してた」

✦保存の魔法✦

ピッチリ**ラップ**して**チルド室**へ

wrap tightly

to chilled

どうして？

（ 加工肉が苦手な乾燥を防ぐ ）

手順と理由

加工肉は乾燥しやすいので、使いかけならピッチリとラップしてチルド室へ。ゆっくり凍ると染み込んだ調味液が膨らんで食感が悪くなるから、冷凍するなら小分けにラップしてから保存袋に入れ、アルミバットに載せたりして急速冷凍しよう。

22 卵

こうじゃなかった？

↓

「使いかけの卵も冷蔵してた」

保存の魔法

殻を**割ったら使い切る**

Don't Keep!!

どうして？

(栄養豊富な卵は雑菌が繁殖しやすい)

手順と理由

卵は一定の温度で保存しないと、雑菌が繁殖する要因となる結露を起こす可能性がある。なので買ってきた卵は必ず冷蔵室へ。このとき尖ったほうを下に向けると長もちするよ。それと、栄養豊富ですぐに雑菌が繁殖するから割置きは絶対にNG！

scene

23 魚全般

こうじゃなかった？
↓
「内臓を取らずに保存してた」

✦保存の魔法✦

下処理してからチルド室へ

Wrap & Seal

to Chilled

どうして？

（ 魚はエラと内臓から傷みやすい ）

手順と理由

魚は傷みやすいエラと内臓を抜き取ってからの
保存が基本。しっかり洗って水気をよく拭き取っ
たらピッチリとラップして、チャック付きポリ袋
に入れてチルド室へ。イワシやサバのような傷み
やすい魚は保存せず、すぐ調理するようにして！

scene

24 イカ

こうじゃなかった？
「イカのまま保存してた」

✦保存の魔法✦

部位ごとに分けて**冷凍室**へ

cut & seal

to freezer

どうして？

(冷凍してもけっこうおいしいから)

手順と理由

イカは凍っても食感や風味があまり変わらないから冷凍がおすすめ。足や内臓を取り除く下ごしらえをしたら部位ごとに切り分けて、水気をよく拭き取ってからピッチリとラップ。チャック付きポリ袋に収めてから冷凍室に入れよう。

25 タコ

こうじゃなかった?

「トレイのまま冷蔵してた」

✦保存の魔法✦

ピッチリ**ラップ**して**冷凍室**へ

wrap tightly

to freezer

どうして？

イカと同じで冷凍してもおいしい

手順と理由

タコもイカと同じく、凍ってもおいしいから冷凍がおすすめ。生ダコはまずはしっかり下ごしらえをして、あとは生ダコでもスーパーなどで多く売られているゆでダコでもピッチリとラップして、チャック付きポリ袋に入れて冷凍室へ。

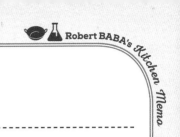

26 貝全般

こうじゃなかった？

「保存できると思ってなかった」

✦保存の魔法✦

砂抜きしてから冷凍室へ

Sealed!! TO freezer

どうして？

冷凍するとうま味が増える

手順と理由

長期保存できるうえに凍るとうま味が増すアサリやハマグリ、シジミなどは冷凍がおすすめ。ただし凍ると貝が砂を吐かなくなるので、必ず砂抜きしてから冷凍を。チャック付きポリ袋に入れて空気をしっかり抜くのがコツになるよ。

27 カキ

「保存なんて考えてなかった」

✦保存の魔法✦

ひとつずつ並べて急速冷凍

どうして?

(急速冷凍でおいしさを保つ)

手順と理由

パックに入ったカキならパックのまま冷凍して
OK。使いかけのカキは水気を取ってからアルミ
バットにひとつずつ並べて、全体をラップで覆っ
てから冷凍室へ。しっかり凍ったらチャック付き
ポリ袋にまとめて、また冷凍室に戻そう。

scene 28 エビ

こうじゃなかった？
↓
「そのまま冷蔵庫にINしてた」

✦保存の魔法✦

背わたを**取って**から**冷凍室**へ

Sealed!!

to freezer

どうして？

（ 冷凍してもやっぱりおいしいから ）

手順と理由

エビは凍っても風味があまり悪くならないから、冷凍での保存がおすすめ。殻付きは殻をむかずに、むきエビはそのままで、背わたを取ってからチャック付きポリ袋に入れる。エビ同士が重ならないよう並べたら、空気を抜いて冷凍室へ！

scene 29 豆腐

こうじゃなかった？
↓
「むき出しで冷蔵してた」

✦保存の魔法✦

水に浸して冷蔵室へ

Soak in water

to fridge

どうして？

(豆腐から水が抜けるのを防ぐ)

手順と理由

余った豆腐は水を張った容器に入れて、ラップなどでフタをしてから冷蔵室に入れよう。ただし水は毎日替えるのを忘れずに！　未開封ならそのまま冷凍するなんて手も。高野豆腐みたいな食感になるけど、味が染み込みやすくなるメリットも。

scene 30 コンニャク

（こうじゃなかった?）

「ピッチリラップで冷蔵してた」

✧保存の魔法✧

パック内の水に浸して冷蔵室へ

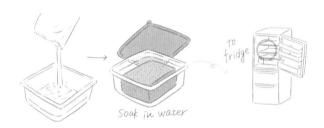

Soak in water

to fridge

（どうして?）

《 実はパック内の水は保存にぴったり 》

手順と理由

余ったコンニャクは、パックに入っていた水といっしょに容器に入れて冷蔵室へGO。実はコンニャクを浸している水はアルカリ性で殺菌作用もあって、保存にうってつけなんだ。捨てちゃったら水道水でもいいけど、毎日替えるように。

scene 31 パスタ

こうじゃなかった？

「キッチンにオシャレに飾ってた」

✦ 保存の魔法 ✦

密閉容器に入れて暗い場所へ

in cool & dark place

どうして？

(パスタは湿気と日光に弱い)

手順と理由

湿気や日光に弱い乾燥パスタは、密閉容器に入れて、湿度の低い日の当たらない場所で保存。冷蔵室はにおい移りや乾燥しすぎの原因になるので避けるのが無難だよ。高湿度なシンク下や日が当たるキッチンなどでの保存もNG。

32 そうめん／冷や麦

こうじゃなかった？
↓

「袋に戻してシンク下に置いてた」

✧保存の魔法✧

密閉容器に入れて冷暗所へ

in cool & dark place

どうして？

(湿気に弱いし、においもよく吸う)

手順と理由

湿気に弱くてにおいを吸収しやすいそうめん（冷や麦）は、入っていた木箱や密閉容器に入れて湿度の低い日陰で保存しよう。古いほどおいしいとも言われるけど（厄現象）、家だときちんと保存できずに悪くするリスクのほうが高いかな。

177

scene

33 食用油

こうじゃなかった？

「いつでも手の届く場所に置いてた」

✦保存の魔法✦

光の当たらない冷暗所へ

in
cool & dark
place

どうして？

油は光と熱が特に苦手だから

手順と理由

油は光と熱、空気（酸素）が苦手だから、電灯などの光さえも当たらない、暗くて涼しい場所でしっかり密閉保存しよう。サラダ油やごま油は平気だけど、オリーブオイルは成分が固まることがあるので、冷蔵保存は避けるのがベターだよ。

scene 34 しょう油

「キッチン下で常温保存していた」

✦保存の魔法✦

使い切るサイズを冷蔵室へ

right size!!

to fridge

（ 光と熱による風味の劣化を避ける ）

手順と理由

しょう油も光と熱、空気（酸素）に弱いから、冷蔵保存がおすすめ。特に減塩醤油は傷みやすいから必ず冷蔵するように！　ついつい大きいボトルを買いがちだけど、開栓後1カ月がおいしさキープの目安なので、適度なサイズを購入しよう。

scene 35 砂糖

こうじゃなかった？

「袋の口を閉じてOKにしてた」

✦保存の魔法✦

密閉して冷暗所へ

in cool & dark place

SUGAR

どうして？

(湿気とにおいは砂糖の敵だから)

手順と理由

賞味期限こそないけど、湿気とにおいが苦手な砂糖は、密閉容器に入れて常温保存するのが基本になるよ。冷蔵庫での保存は結露するかもしれないし、においも移るからNG。固まるのは乾燥しすぎなので、霧吹きで水を吹きかけて戻そう。

scene

36 塩

こうじゃなかった？
↓
「使ったあとそのまま放置してた」

✦ 保存の魔法 ✦

密閉して冷暗所へ

in cool & dark place

SALT

どうして？

(塩も湿気とにおいが苦手だから)

手順と理由

砂糖と同じく賞味期限がない塩だけど、湿度とにおいが苦手なので、密閉容器に入れて冷暗所で常温保存しよう。においが移りやすいから、冷蔵庫は避けるのが◎。もし湿気で固まってしまってもフライパンで煎ればさらさらに戻るよ。

37 酢

こうじゃなかった？
↓
「腐らないと思って適当にしてた」

✦保存の魔法✦

しっかりフタをして冷蔵室へ

in
cool & dark
place

どうして
？

（　たとえ腐らなくても風味は落ちる　）

手順と理由

食べ物の保存剤になるくらい防腐作用が強い酢なので腐ることはないんだけど（混ぜ物がある酢は別）、きちんと保存しないと風味が悪くなる。普通の米酢や穀物酢なら冷暗所で常温保存すればOKだよ。冷蔵なら、なおベター！

scene 38 味噌

こうじゃなかった?

「冷蔵すればOKと思っていた」

✦ 保存の魔法 ✦

ラップを挟んでチルド室へ

どうして?

チルド室は発酵が進みにくい

手順と理由

常温保存できるけど冷蔵が手軽でおすすめ。容器とフタの間にラップを挟んでチルド室に入れれば、酸化と乾燥を防ぎつつ発酵も抑えられる。減塩味噌や調味料入りは傷みやすいのでご注意を。意外なことに冷凍室でも凍らずに保存可能!

scene

39 みりん

こうじゃなかった？

「区別なくシンク下に置いてた」

☆保存の魔法☆

みりんは**常温**、みりん風は**冷蔵**

in cool & dark place

to fridge

どうして？

（　ノンアルのみりん風は傷みやすい　）

手順と理由

まず、本みりんとみりん風調味料では保存方法が変わることに注意。本みりんは冷蔵庫に入れると糖分が結晶化するから、必ず冷暗所で常温保存。アルコール分をほぼ含まないみりん風調味料は傷みやすいので、必ず冷蔵保存しよう。

scene

40 その他の調味料

こうじゃなかった?

「とりあえず冷蔵室で延命していた」

✧保存の魔法✧

開封後は早く使い切る

right size!!

TOMATO KETCHUP

中濃ソース

to fridge

- ・ケチャップ：30日（開封後）
- ・マヨネーズ：30日（開封後）※野菜室がベター
- ・ソース：ウスターやお好みは90日、とんかつや中濃は30日（開封後）

どうして？

(開封するとやっぱり風味が落ちる)

手順と理由

ついつい冷蔵室で眠らせがちな調味料。傷みにくいと言われている調味料であっても開封後は風味が落ちていくから、基本は冷蔵して早めに使い切るようにしよう。割高でもちょうどいいサイズを買うほうが結局安くつくと心得て！

scene 41 かつお節

こうじゃなかった？
↓
「袋のまま適当に放ってた」

 ✦保存の魔法✦

しっかり密封して冷凍室へ

to freezer

sealed!!

どうして？

《 凍らず劣化しにくいから使いやすい 》

 手順と理由

かつお節の敵は湿気と空気だから、開封後はチャック付きポリ袋に入れて空気を抜き、冷凍保存するのが正解。もともと水分がないので凍ることなくすぐに使えるよ。何度も出し入れすると結露してカビやすいので、小分けにするとベター！

scene 42 昆布

こうじゃなかった？

「袋に戻してからしまってた」

✧ 保存の魔法 ✧

密封容器に入れて冷暗所へ

*in
cool & dark
place*

どうして？

（ カビなければ超長期保存可能 ）

手順と理由

きちんと保存すれば賞味期限をかなり過ぎていても使える昆布。ただし湿度が高いとカビるので、チャック付きポリ袋に入れたらしっかり空気を抜いたり密閉容器に入れたりして、冷暗所で常温保存しよう。においが移るから冷蔵庫は×。

scene 43 出汁

「そもそも保存なんてしなかった」

✦保存の魔法✦

製氷皿に注いで冷凍室へ

ice tray

to freezer

どうして？

（ 適量がいつでも使えて料理上手に ）

手順と理由

自分で取った出汁を保存しておくと本格的な料理がぐっと楽になるよ。密閉容器で冷蔵すれば2日ほどもつけど、おすすめは製氷皿でキューブ氷にする方法。においが移るので、凍ったらチャック付きポリ袋にまとめ直してから冷凍室に戻そう。

scene 44 酒

こうじゃなかった?

「棚に並べて見惚れてた」

✧保存の魔法✧

光を避けて温度に気を払う

■醸造酒
・ワイン：12〜15℃の冷暗所
　※飲み残しは冷蔵
・日本酒：涼しい冷暗所
　※生酒や吟醸酒は冷蔵
・ビール：常温の冷暗所
　※酵母入りは冷蔵

■蒸留酒
・ウィスキー／焼酎／ブランデー
：常温の冷暗所
※開封後は10〜15℃の冷暗所

どうして?

(温度や湿度で風味が変わるから)

手順と理由

酒類は光や熱に弱いので冷暗所での保管が共通
になるけど、日本酒やワイン、ビール、蒸留酒な
ど、種類によって最適な温度や湿度も変わって
くるんだ。上の絵では温度を紹介しているので、
それぞれの酒に合った保管場所を試してみて！

料理のあとの 片づけの魔法

食器洗いは油汚れの有り無しで

お皿を分ける

基本中の基本だけど、油汚れのない食器と油汚れのある食器は別々に洗おう。一緒にシンクに置くとすべての食器に油が付いてしまい、途端に洗うのが面倒になってしまう。先に油汚れのない食器から洗えば、スポンジも汚れすぎないので洗剤の節約にもなるよ。

まな板は食材別に分けると

洗うのも楽

まな板は「肉と魚」、「野菜」の2つに分けて用意するのがおすすめ。肉と魚の菌がほかの食材に付きにくくなるから食中毒の危険がぐっと減るし、野菜だけを切ったまな板なら洗剤を使わなくてもOK。まな板を分けるだけで洗いものがグッと楽になるんだ。

肉を切ったまな板は水で洗う

肉を切ったまな板はしっかり汚れを落とそうとお湯をかけたくなるけど、これはNG。お湯で洗うとまな板に付いたタンパク質が固まって落ちにくくなってしまうんだ。もしお湯をかけたいなら水でしっかり洗ったあとだと心得て！

料理をするのは楽しくても、後片づけは面倒くさいもの。そんなわずらわしい後片づけが少しでも楽しくなるように、楽ちんをプラスするちょっとした魔法を授けるよ。

紹介する全部で6つの魔法、当たり前と思うような内容でもきちんと実践するだけで後片づけがけっこうはかどるから、ぜひ試してみてね！

魔法 4

レンジ周りの油汚れには熱湯が効く

料理の吹きこぼれや炒め物の最中にはねた油などで汚れがちな、ガスコンロの天板。この汚れは専用の洗剤で落とすのもいいけれど、熱湯をかけるだけでもOK。油は50℃以上になると溶け始めるので、お湯をかけてサッと拭き取るだけで簡単に落とすことができるんだ。もちろん熱湯でやけどをしないよう、ゴム手袋などの着用はお忘れなく。

ガラスの曇りは酢で取る

コップやグラスなどのガラス製品を長年使い込んでいると、自然乾燥したあとの表面に白いくすみが付いて曇るようになる。このくすみの正体である水アカはアルカリ性だから中性洗剤では落ちないんだけど、酸性の成分と合わせれば落とすことが可能。コップやグラスを洗剤で洗って、最後に酢を薄めたぬるま湯で磨けばツヤが出るよ！

魔法 5

魔法 6

カップや茶碗の色染みは塩で取る

コーヒーカップや茶碗に付いてしまった黒ずみや茶しぶ。人様にお出しするときにだいぶ恥ずかしかったりするこれらの汚れは、実は少量の塩でこするだけですぐに落ちる。これは塩がちょうどいい硬さの研磨剤になってくれるからで、食器を傷つけることもないし、口に入っても安心なのもうれしいポイント。

第3章

魔法のレシピ集

鶏むねしっとりからし風味

パサつきがちな鶏むね肉でも、
しっとりおいしくいただけるよ！

材料

鶏むね肉	1枚
白だし	小さじ2
和がらし	2g（わさびでも）
木の芽	少々

手順

1.
お湯を2L沸かして、沸騰したら鶏む
ね肉を入れ、強火にかける。
再び沸騰したら火を消し、15〜20分
置く。置く時間は肉の厚みによって
調節を。

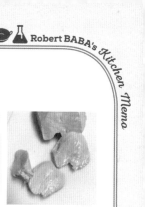

1　*2*

2.
手順1で置いた鶏むね肉を引き上げ、
お好みの薄さにスライスしてポリ袋
に入れる。最初に鶏むね肉のいちば
ん厚い部分をスライス。中心が生で
あれば加熱不足なので、火が通るま
で沸騰したお湯に入れる。

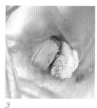
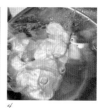

3　*4*

3. 魔法 *Point* **A**
手順2のポリ袋に白だし、水50cc、
和がらしを入れて混ぜる。

4.
手順3の調味液漬けの鶏むね肉が
入ったポリ袋を、水を張ったボウル
に浸す。
鶏むね肉を広げた状態にして水に当
たる面積を広げて、すばやく粗熱を
取るのがコツ。流水では約3分ほど。
氷水でサッと冷やしてもよい。

5. 魔法 *Point* **B**
袋の水気を拭き取ってから冷蔵庫に
入れ、少し冷やしたら取り出す。
お皿に盛り付けて木の芽などを添え
れば完成!

```
ココに注目!!
```
↓

魔法 *Point* **A**
【p.76 肉全般②】をチェック。鶏むね肉が柔
らかくなる切り方が丸わかり!

魔法 *Point* **B**
【p.68 木の芽】をチェック。木の芽の香りを
引き立たせる簡単な方法を紹介!

02 フライドゴボウ

冷たい油から弱火で揚げるから、
油はねも少なくて簡単！

材料

ゴボウ	1／2本
塩コショウ or ハーブソルト	適量
油	適量

手順

1.

魔法Point A

ゴボウを洗って泥を落としたら、水気をしっかりと拭き取る。

2.

包丁の根元の方で5〜7cmで輪切りにしたら、ゴボウを立てて半分に切る。半分に切ったゴボウを今度は寝かせて、縦長になるようまた半分に切る。

※フライドポテトサイズでも細めの芋けんびサイズでも、大きさはゴボウに合わせてご自由に。

3.

フライパンに切ったゴボウを並べて、油を入れる（ここでは少ない油で済むように卵焼き器を使用）。

油が冷たいところから中火にかけて、泡が出てきたら弱火にして10分で揚げ上がり。ゴボウが薄いと火が早く通るので、各自で調整を。

4.

キッチンペーパーにあげてしっかり油が切れたら、塩コショウやハーブソルトで味付けをして完成。旬な新ゴボウでぜひ！

1

2-1

2-2

2-3

3

4

ココに注目!!

魔法Point A

【p.56 ゴボウ】をチェック。ゴボウの洗い方、皮を残す理由は目から鱗！

03 無限新タマネギネバネバサラダ

ひきわり納豆のネバネバで
オニオンスライスがするする食べれるよ

材料

新タマネギ	1〜3個	味噌 or 豆板醤	小さじ1
ひきわり納豆	1パック	卵	1個（卵黄のみ）
ゴマ油	小さじ1		
すりごま	小さじ1		
酢	小さじ1		
しょう油	小さじ2		

手順

1.
ボウルに酢、しょう油、味噌、ごま油、すりごま、ひきわり納豆を入れたら、写真（1-2）のようになるまでよく混ぜる。ここで混ぜておくことで味噌がダマにならず食べやすい。

1-1

1-2

2. 魔法 *Point* **A**
新タマネギをスライスしてボウルに入れる。
新タマネギをスライサーで切る際は、写真のように外の皮を根っこのほうへむいてから束ねてネジる。ネジった皮を持ち手にするとスライスしやすく、手もケガしにくい。

3.
調味料とスライスした新タマネギをよく混ぜたら盛り付けへ。
最後に卵黄をトッピングすれば完成。

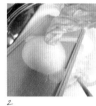

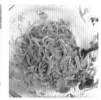

2

3

【ココに注目!!】

魔法 *Point* **A**
【p.32 タマネギ】をチェック。タマネギの辛みが苦手なら横切りにしよう！

04 とまらない たたきキュウリ

おかずにもなってビールにも
ぴったりなやみつき副菜！

材料

キュウリ	3本	ごま油	小さじ1
ニンニク	1／2片	いりごま	小さじ1
鶏がらスープのもと（粉末）	小さじ1		
砂糖	小さじ1／4	※お好みで	
塩	小さじ1／2	一味唐辛子 or コショウ	適量
しょう油	小さじ1		

手順

1. ^{魔法}*Point* A

洗って水気を拭き取ったキュウリを
食べやすいサイズに切ったらポリ袋
に入れる。

2.

ポリ袋を麺棒で叩き、キュウリを軽
く潰して味なじみをよくする。手の
ひらで押して潰してもよい。

1   *2*

3.

ごま油以外の調味料をすべて入れて
味をなじませたら盛り付ける。
最後にごま油をひと回しして香りを
立たせたら完成。

┌─────────┐
│ ココに注目!! │
└─────────┘
      ↓

^{魔法}*Point* A
【p.36 キュウリ】をチェック。キュウリに味
を染みやすくする魔法とは？

05 シークワーサーキャベツ

箸休めはもちろん、間食や
ダイエットメニューにも最適！

材料

キャベツ	1玉（約1kg）
シークワーサー	大さじ2（果汁）
塩	大さじ1
オリーブオイル	大さじ1
黒コショウ	適量

手順

1. **魔法Point A**
キャベツを千切りにしてボウルに移す。写真ではスライサーを使っているが、もちろん包丁で切ってもOK。

2.
手順1のボウルに塩を入れてよく揉み込む。写真 (2-2) くらいまでクタっとさせるのが重要。

3. **魔法Point B**
ボウルに出てきたキャベツの水分は捨てずに残したまま、シークワーサーのしぼり汁、オリーブオイル、黒コショウを入れてよく混ぜてあえる。ラップをしてから冷蔵室に入れ、少し冷やしたら食べごろ。
水気は絞らず、水分とともにジューシーな感じで食べるのがおすすめ。

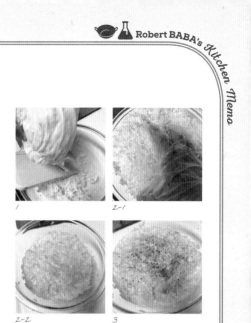

1

2-1

2-2

3

ココに注目!!

↓

魔法Point A
【p.16 キャベツ】をチェック。切る向きで千切りのおいしさが変わる？

魔法Point B
【p.136 ドレッシング】をチェック。油といっしょだと栄養が摂りやすくなるよ！

06 冷凍エノキでなめたけ

ご飯や豆腐やおつまみ
何にでも合うお手軽レシピ！

材料

エノキ	1袋 (150g)
みりん	大さじ2
酒	大さじ1
しょう油	大さじ1
酢	小さじ1／2

1. 魔法Point A

エノキは石づきを切り落とさずに傘のほうから1cm幅のみじん切りにして、チャック付きポリ袋などに入れる（石づきは捨てる）。ポリ袋は平たくならしてから冷凍室へ。
安いときに買って常備しておくと、汁物にさっと入れたりもできるので便利。

1-1　　1-2

2.

調味料をすべて混ぜ合わせたら、冷凍エノキといっしょに鍋に入れて中火で煮立たせる。沸騰したら弱火にして、混ぜながら10分ほど煮るだけ。フタはしなくてOK。

2-1　　2-2

3.

写真（3-1）くらいの水分まで煮詰まれば完成。粗熱が取れたら容器に入れて、冷蔵室で保存する。

3-1　　3-2

ココに注目!!

↓

魔法Point A
【p.164 キノコ】をチェック。キノコは冷凍するともっとおいしくなるよ！

07 ダイコンの漬物

一品あるだけで食卓がパっと
華やぐお役立ち副菜！

<table>
<tr><td colspan="2">材料</td></tr>
<tr><td>ダイコン</td><td>800g（1／2本）</td></tr>
<tr><td>砂糖</td><td>大さじ1と1／3</td></tr>
<tr><td>塩</td><td>小さじ2</td></tr>
<tr><td>酢</td><td>大さじ2</td></tr>
<tr><td>鷹の爪</td><td>1本</td></tr>
<tr><td>昆布</td><td>1枚</td></tr>
</table>

Robert BABA's Kitchen Memo

手順

1. 魔法Point **A**　魔法Point **B**

ダイコンを洗ってから水気を完全に拭き取り、いちょう切りにする。形はお好みで。

1

2.

ダイコンをポリ袋に入れたら、砂糖、塩、酢、鷹の爪、昆布を分量ぶん入れる。昆布の角が袋を破りやすいので、写真（2-2）のようにダイコンに突き刺しておくと袋を守りつつ、昆布もすぐにしんなりするのでおすすめ。

2-1

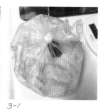
2-2

3.

軽く全体を混ぜたらポリ袋の口を縛って、日の当たらない冷暗所に1時間くらい置く。しんなりしたら全体に味を染み込ませるために空気を抜いて袋を閉じ、そのままひと晩寝かせれば完成。
好みの味になったら冷蔵庫へ入れて、5日以内を目安に食べきる。

3-1

3-2

ココに注目!!

魔法Point **A**
【p.48 ダイコン】をチェック。漬物にピッタリなダイコンの部位って？

魔法Point **B**
【p.50 根菜全般】をチェック。ダイコンに味を染み込みやすくする切り方は？

 # タイ風アボカドサラダ

ナンプラーとミントの
抜群の相性をお試しあれ！

材料

アボカド	1個	黒コショウ	適量
国産レモン	1／2個		
ツナ缶	1缶		
小ネギ	3〜4本		
スペアミント	適量		
ナンプラー	小さじ1		

手順

1. 魔法 *Point* A

アボカドを半分に切ったらスプーン
で果肉を取り外して、ボウルに移す。

2.

よく洗ったレモンの水気を拭いてから
ピーラーで皮をむき（皮を食べる
ので国産で！）、みじん切りにして
手順1と同じボウルに投入。皮をむ
く際は表面の黄色い部分だけなら苦
みはないのでご安心を。
残ったレモンは果汁をしぼり出し、
小さじ2杯を同じボウルに入れる。

3.

同じボウルにナンプラー小さじ1を
加えて、写真のようになるまでよく
混ぜる。アボカドがほどよく崩れる
と、ソース状になって食材にからみ
やすい。

4.

3～4cm幅に切った小ネギ、手でち
ぎったミント、油を切ったツナを手
順3のボウルに入れて、サッと混ぜ
れば完成。

1　　*2-1*

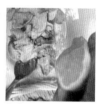

2-2　　*2-3*

3　　*4*

ココに注目!!

魔法 *Point* A
【p.72 果物全般②】をチェック。アボカドは
家で追熟させてから使おう。

09 ニンジンラペ

クミンの香りとニンジンの甘み、
レモンの酸味が食欲を誘う！

材料

ニンジン	1本
レモン汁	小さじ1
クミンシード	小さじ1
オリーブオイル	大さじ1
塩コショウ	適量

手順

1. 魔法Point $\mathcal{A}$

ニンジンをよく洗ったら水気を拭き取り、千切り器などで千切りにしてボウルに移す。

2.

手順1のボウルに塩コショウとレモン汁を入れて、よくあえる。

3.

フライパンにクミンシードを入れたら中火にかけ、乾煎りする。香りが出てきたらOK。

4. 魔法Point $\mathcal{B}$

手順2のボウルにクミンシードを入れたらオリーブオイルをかけ回し、すべてがなじむようによく混ぜたら完成。

1 *2*

3 *4*

ココに注目!!

魔法Point $\mathcal{A}$
【p.52 ニンジン①】をチェック。ニンジンは実は皮をむかなくてもOK！

魔法Point $\mathcal{B}$
【p.136 ドレッシング】をチェック。油と野菜のしあわせな関係をぜひ。

10 シイタケと豚バラのスープ

シイタケの出汁が
よく染み出した優しい味

材料

冷凍シイタケ	50g	しょう油	小さじ1／2
豚バラ	30〜60g	酢	小さじ1／2
小ネギ	適量	ラー油 or 黒コショウ	適量
水	400cc		
酒	小さじ1		
塩	小さじ1		

手順

1.
広げた豚バラを鍋に入れて中火で1
分加熱する。片面だけ焼けばOK。
煮る前の豚バラを焼いて少し焦げ目
を付けると、スープに深みが増す。

2. 魔法 Point A
冷凍シイタケを凍ったまま入れ、水
を入れる。油はねが恐ければ手順1
のあとにいったん火を切って、1分
くらい待ってからシイタケと水を入
れるとよい。

3.
酒、塩、酢を手順2の鍋に入れて、
中火にかける。
煮たったらしょう油を入れて火を止
め、お好みでみじん切りにした小ネ
ギやラー油をかけたら完成。

1

2-1

2-2

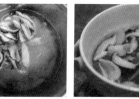
3

ココに注目!!
↓

魔法 Point A
【p.164 キノコ】をチェック。キノコは冷凍
することでうま味を増やせる!

おわりに

僕が本格的に料理をするようになって10年くらいになります。

それまでは自分で食べるために作ることが多くて、簡単なひと手間でも面倒な気がしていたのですが、人のために作る機会が増えてから大きく変わりました。
やっぱり少しでもおいしいと思ってもらいたいし、「これ、どうやって作ったの？」から始まる食後の会話は、料理でおもてなしをする醍醐味のひとつだったりします。
だったら、そのひと手間を惜しむのはもったいない。そう思うようになって、いろいろと試行錯誤を重ねたり、知識を求めて見聞きしたりするようになったのです。

料理にまつわる雑学って、基本的には誰のものでもないところがありますよね。
「このお店だけの秘伝のタレ」とかならまだしも、日々の料理の過程で見つけ出された工夫は、すぐに共有されて、みんなの次の料理に生かされていきます。そのサイクルによって料理がどんどんアップデートされていくことを僕はとてもおもしろく感じているので、僕が身につけた魔法もみんなと分かち合いたいと思いました。
だから、もしこの本に載っているものよりもすぐれた調理法や保存法があったら、みんなでシェアできるとうれしいです。そうして料理の魔法が進化して、僕やみんなの料理がもっともっとおいしくなったらいいと思っています。

身につけた知識や理屈は、新しいレシピにチャレンジしたり、見たことのない食材に出会ったりしたときに、頼もしい羅針盤になってくれます。そして料理とその過程を、もっと楽しく、わくわくするものへと変えてくれるはずです。

そうしたみなさんの日々の営みに、
どうか少しでもこの本が役立ってくれますように。

ロバート
馬場 裕之

食材からの魔法の索引

参考文献

- 河野友美『新版 おいしさの科学 味を良くする科学―味のしくみが解かれば料理の秘訣が解かる』旭屋出版
- 左巻建男・稲山ますみ『科学でわかる 料理のツボ』学習研究社
- 渋田祥子・牧野直子『「おいしい！」を解き明かす 料理と栄養の科学』新星出版社
- 杉田浩一『新装版「こつ」の科学―調理の疑問に答える』柴田書店
- 豊満美峰子・桑山慧人『料理のコツ解剖図鑑』サンクチュアリ出版
- 沼津りえ『食材保存大全』主婦の友社
- 野崎洋光『おいしく食べる 食材の手帖』池田書店
- 樋口直哉『新しい料理の教科書』マガジンハウス
- 水島弘史『今日からおいしくなる洋食のシンプルルール』高橋書店
- レジア『見て楽しい!読んでおいしい! 日本の食材図鑑』新星出版社
- 渡邊香春子『調理以前の料理の常識』講談社

など

参考Webサイト

- e-ヘルスネット　https://www.e-healthnet.mhlw.go.jp
- うま味インフォメーションセンター　https://www.umamiinfo.jp
- NHK ガッテン！　https://www9.nhk.or.jp/gatten/
- エフシージー総合研究所　https://www.fcg-r.co.jp
- 大阪教育大学　https://osaka-kyoiku.ac.jp
- 岡山大学 食肉品質研究会　http://www.agr.okayama-u.ac.jp/amqs/
- オリーブオイルをひとまわし　https://www.olive-hitomawashi.com
- オルニチン研究会　https://ornithine.jp
- 関西食文化研究会　http://www.food-culture.jp
- キッコーマン　https://www.kikkoman.co.jp
- キューピー　https://www.kewpie.co.jp
- キリン　https://www.kirin.co.jp
- こんぶネット　https://kombu.or.jp
- JAグループ福岡　http://www.ja-gp-fukuoka.jp
- 白ごはん.com　https://www.sirogohan.com
- 全国いか加工業協同組合　http://zen-ika.com
- 全国無洗米協会　https://www.musenmai.com
- 宝酒造　https://www.takarashuzo.co.jp
- 独立行政法人農畜産業振興機構　https://www.alic.go.jp
- ニチレイフーズ　https://www.nichireifoods.co.jp
- 日本テレビ 得する人損する人　https://www.ntv.co.jp/tokuson/
- 日本ハム　https://www.nipponham.co.jp
- 日本卵業協会　http://www.nichirankyo.or.jp/
- 農研機構　https://www.naro.affrc.go.jp
- 農薬工業会　https://www.jcpa.or.jp
- パスタペディア　https://nisshin-foods.jp/mama/
- パナソニック　https://panasonic.jp
- バリラ　http://barilla.co.jp
- まいにち、おだし　https://odashi.co.jp
- マルコメ　https://www.marukome.co.jp
- ヤマサ醤油　https://www.yamasa.com

【甘味の基礎知識】前橋健二
https://www.jstage.jst.go.jp/article/jbrewsocjapan/106/12/106_818/_article/-char/ja/

【果実およそ菜類のタンニン成分】中林敏郎
https://www.jstage.jst.go.jp/article/nskkk1962/15/3/15_3_116/_article/-char/ja/

【コンブに含まれる旨味成分の効果的な抽出条件】荒木渉、谷川聡、味野遼太、石井沙依　http://www.amaki.okayama-c.ed.jp/SSH_2014/kadai/H24/c1.pdf

【魚の生臭さとその抑臭】太田静行
https://www.jstage.jst.go.jp/article/jos1956/29/7/29_7_469/_article/-char/ja/

【食肉加工特性の決定因子】安井勉、石下真人、鮫島邦彦
https://www.jstage.jst.go.jp/article/kagakutoseibutsu1962/19/5/19_5_337/_article/-char/ja/

【手延素麺の厄】新原立子、米沢大造
https://www.jstage.jst.go.jp/article/cookeryscience1968/7/3/7_134/_article/-char/ja/

【みりん】津田淑江
https://www.jstage.jst.go.jp/article/cookeryscience/42/1/42_44/_article/-char/ja/

・【無脊椎動物の筋肉構造と構成タンパク質】土屋隆英
https://www.jstage.jst.go.jp/article/cookeryscience1968/21/3/21_159/_article/-char/ja/

など

馬場裕之

福岡県北九州市出身。吉本興業所属。1998年、秋山竜次、山本博とともにお笑いトリオ・ロバートを結成。以降、2011年「キングオブコント」優勝を筆頭にバラエティ番組で活躍する一方、映画や舞台、ナレーション業のほか、近年は料理好き芸人として料理系番組やイベントにも多数出演。2020年11月現在でYouTubeの料理チャンネル「馬場ごはん」は登録者数21万人、料理写真を中心に掲載するInstagramはフォロワー数24万人を超えるなど、幅広い支持を集めている。1979年3月22日生まれ。

YouTube

▶ https://www.youtube.com/channel/UCSACDJBZm4UiVK3CnZ5G7aw/

Instagram

○ https://www.instagram.com/hiro88/

ロバート馬場ちゃんのキッチンmemo

いつもの料理が"パっと"おいしくなる魔法

2020年11月19日　第1刷発行

著者　　　　馬場裕之
発行人　　　塩見正孝
発行所　　　株式会社三才ブックス

〒101-0041　東京都千代田区神田須田町2-6-5 OS'85ビル
TEL：03-3255-7995（代表）
FAX：03-5298-3520

編集　　　　ヤマシタユウスケ（あすなろ組）
イラスト　　山本和香奈
DTP　　　　松下知弘
デザイン　　鈴木 徹（THROB）
編集人　　　槻 真悟

印刷・製本　図書印刷株式会社

ISBN978-4-86673-226-8　　C0077